고릴라를 보려면

고릴라를 보려면

인포데믹스 시대,
뒤집어 보고 비틀어 보고
생각을 생각하라!

최영민 지음

삐삐
북스

인간은
이성적인 동물?

인간은 이성적 동물. 꽤 널리 퍼진 믿음이 아닐까 한다. 수
많은 생명체와 구별되는 인간의 대표적 특징으로써 이성을 들
지만, 사회와 일상생활에서 우리가 겪는 많은 일 중에는 정말
인간이 이성적일까 하는 의구심이 드는 사건이 많다. 자신의
분노를 패악에 가까운 행동으로 드러내던 어느 재벌 가족의 행
태는 많은 사람을 매우 당황스럽게 했다. 그들의 분노에 그럴
만한 이유가 있다 해도 우리의 상식으로는 이해할 수 없는 행
동이었다. 그들의 행동은 '갑질'이라는 사회적 문제를 드러냈지

만, 다른 한편으로는 자신의 감정에 지배당한 인간의 모습을 보여 주는 사례이기도 했다. 이성적 존재라는 인간 설명이 낯 뜨거워지는 상황이었다.

이성적 사고가 필요한 상황에서 비이성적인 태도를 보이는 경우 보통 '이성을 상실했다'라고 한다. '이성 상실', 이는 이성적 사고와 행동이 인간에게 항상, 자동적으로 보장되지 않는다는 뜻이기도 하다. 감정적으로 격앙되는 상황에서 자동으로 이성이 작동하여 이를 통제하는 일은 일어나지 않는다. 당황하거나 흥분하지 않고, 차분한 마음으로 생각을 기울일 때 우리는 상황을 이성적으로 이해하고 대처할 수 있다. 그런 점에서 인간은 '때때로 이성적인', '이성적일 가능성이 있는' 존재라는 말이 인간의 현실에 더 어울리지 않을까 한다. 아니, 인간은 노력할 때 이성적일 수 있다.

그런데 이성적이어야 할 때에 그렇지 못한 태도만이 문제가 되는 것은 아니다. 이성적 사고를 할 때에도 감정적일 때와 결과가 크게 다르지 않은 때가 많다. 이성적으로 사고하고 행동하는 데도 왜 문제가 생길까? 이성적으로 생각하고 판단하지만, 그 과정이나 결론이 합리적이지 못하기 때문이다. 이성 그 자체가 객관적 합리성을 보장하지는 않는다. 이성적 사고일지라도 오류를 일으킬 가능성은 얼마든지 있다.

우리의 이성은 개인의 지식과 사고 능력에 영향을 받는다.

어떤 상황을 접했을 때 이를 이해하고 분석하는 데에는 이미 알고 있는 관련 정보를 동원해 이해하고 추론하는 과정을 거친다. 확보된 정보가 많을수록, 정확할수록 유리하다. 하지만 우리의 뇌에 저장된 지식은 완성되지 않은 불완전한 상태에 있으며 그나마 기억의 영향 아래 있다. 기억된 지식이 필요한 순간에 적절하게 정확히 떠오르는 건 우리의 희망일 뿐 현실은 그렇지 않다. 이성적 사고는 기억된 지식과 기억 과정에서 왜곡될 가능성이 있다.

인간의 이성은
합리적인가?

저장된 정보에 따라 논리적 '사고'를 하는 컴퓨터와 달리 인간의 사고는 개개인에 따라 다른 결과에 이를 수 있다. 이성은 사고 습관, 주의력, 성격 등에 영향을 받는다. 주의를 집중해서 생각해야 할 때 우리의 주의력은 그 집중도를 높은 수준에서 일정하게 유지하지 못한다. 개인 차이가 있지만, 기본적으로 인간은 자신이 기억하는 정보를 모두 활용하지 못하는데, 여기에는 기억력만이 아니라 주의력의 한계도 작용한다.

그뿐만 아니라 인간은 기질이나 성향이 있는 존재로서 이것

또한 우리의 사고 과정에 영향을 준다. 신중함 혹은 성급함의 정도가 사물이나 현상의 다양한 측면을 심사숙고하는 데 영향을 주는 것이다. 특히 경쟁과 효율성이 지배하는 사회나 집단에서는 신속함과 성과가 강조되면서 차분한 사고가 어려울 수 있다. 보수적이거나 진보적인 태도 역시 사고에 영향을 끼친다. 세상을 바라보는 관점은 이전의 지식과 경험의 산물이면서 새로운 현상을 이해하고 설명하는 '프레임'이 되기도 한다.

'인간은 이성적인가?'로 시작된 질문은 '인간의 이성은 합리적인가?'의 물음으로 나아가게 된다. 우리는 '그렇다'라고 분명하고 단호하게 대답하지 못한다. 인간은 이성적일 수 있고, 이성적 사고와 행동이 합리적으로 이루어질 가능성도 있다는 다소 힘 빠진 대답을 할 뿐이다. 그렇다고 이성적으로 사고하고 행동하는 노력을 포기해야 할까? 다른 동물보다 우월하다고 자부하는 우리의 이성이, 언제나 합리적이지 않다고 해서 이성적으로 사고하지 않아도 되는 걸까?

인간의 이성은 그 종의 진화 과정에서 자연스럽게 형성된 것이고, 인류 문명을 발전시키는 데 커다란 기여를 했다. 문제도 없지 않으나 이성을 빼고 인류의 역사를 말할 수는 없다. 우리가 어떤 목표를 세우고 그 결과를 얻으려면 운에 맡기거나 감정적으로 대응해서는 안 된다. 부족하고 한계가 있더라도 이성적으로 사고하고 행동할 때 의도한 결과를 이룰 가능성이 커진다. 현대에 이르러 인간 이성의 한계와 반성이 높아졌지만, 이런 논의도 이성적이어야 가능한 것임을 생각하면 이성적 사고를 포기해도 되는 타당한 이유는 없다. 따라서 우리의 고민이 이성을 버릴지 말지로 나가서는 안 된다. 어떻게 하면 합리적 결론이나 결과에 이르도록 이성을 사용할지가 우리의 고민이어야 한다.

비판적 사고는
이성의 참된 가치

고대 로마의 철학자 에픽테토스Epiktētos는 인간의 이성이 신神보다 열등하지 않다고 했다. 이성은 크기나 길이로 평가하지 않고 오로지 판단으로 평가하기 때문이라고 말이다. 판단이란 신이 내린 것이든 인간이 한 것이든 누가 했는가, 얼마나 크고 복잡한가가 아니라 오직 옳은지 아닌지로 평가한다. 인류 문명을 이루는 거대한 지식의 탑은 인간이 내린 판단들의 축적물이다. 자연이나 사회 그리고 수없이 인간을 관찰하고 연구해서 얻은 판단들이다. 하지만 지식의 발전은 단순히 경험이나 추론이 쌓여 이루어지지 않는다. 그 경험과 추론들을 비판적으로 검토하고 타당성이 인정됨으로써 가능한 것이다.

비판적 사고, 여기에 우리가 자랑하는 이성의 참된 가치가 있지 않을까 한다. 비판적 사고란 어떤 주장이나 의견, 정보를 그대로 받아들이지 않고, 그 정확성이나 타당성을 분석하여 옳고 그름과 사실 여부를 판단하는 것이다. 그것이 올바른 주장이나 행위인지, 사실에 기초한 것인지 등을 논리적으로 분석하고 평가하는 과정이다. 그러려면 감정이나 편견, 주관에 빠지지 않아야 함은 물론 어떤 권위를 따르거나 그에 굴종해서도 안 된다. 아무리 신뢰할 만한 권위라 할지라도 그것이 사실이나 올바름을 대신 증명할 수 없다. 오로지 주장의 근거, 정보의 출처를 객관적으로 분석하여 올바른 근거와 원리를 따르고 있는지를 검토할 때 가능한 일이다.

비판적 사고는 이성을 가진 인간에게 가능한 능력이나, 어떤 경우에서든 자연스럽게 발휘되는 것은 아니다. 그런 사고를 하려고 노력해야 하며, 그에 필요한 훈련이 있어야 가능하다. 사고력이란 특별한 능력을 말하는 것이 아닌 두뇌 습관이라고 생각한다. 비판적 사고력은 사물을 비판적으로 보는 태도가 우리의 사고 습관으로 정착된 것이다. 비판적 사고는 개인이든 사회든 우리가 대면하는 수많은 주장과 사건을 올바르게 인식하고 대처하는 데 꼭 필요한 습관이다. 남의 주장에 휩쓸리지 않고 거짓 정보에 휘둘리지 않으며, 어떤 상황에서든 스스로 생각하고 판단하는 주체적인 존재가 되려면 비판적으로 사고할 수 있어야 한다. 또 자신의 말이나 행동, 상황을 객관적으로 이해하고 평가하기 위해서도 비판적 사고는 필요하다. 그런 점에서 비판적 사고는 성찰적 사고이기도 하다.

왜
비판적 사고인가?

《고릴라를 보려면》은 비판적으로 사고하고, 그런 사고 습관을 지니려면 어떤 태도가 필요한지를 살펴보는 책이다. 어떤 주장이나 정보를 비판적으로 사고하려면 무엇을 검토해야 하는지를 탐구하는 것이다. 필자 역량의 한계로 비판적 사고력을 키우는 데 요구되는 모든 요소를 다루지는 못하지만, 우리의 일상생활, 사회적 문제를 이해하고 판단하는 데 필요한 생각거리를 담고자 했다. 누구의 주장이든 어떤 정보든 그것의 진위와 타당성을 따지고 분석하는 자세를 키우려면 무엇이 필요한지 함께 생각해보려고 한다. 이 책은 논리학의 내용 일부를 흉내 내고 있지만, 논리학을 소개하는 책은 아니다. 우리가 접하는 현실의 문제를 드러내서 설명하려고 논리학의 개념을 부분적으로 빌려온 것뿐이다. 비판적 사고에 필요한 지식이나 기술보다는 '생각을 생각하는 사고'를 왜 해야 하는지 문제의식을 느끼도록 하는 데 주안점을 둔 책이라 하겠다.

우리는 말 그대로 정보의 시대에 살고 있다. "홍수가 나면 먹을 물이 없다"고 한다. 홍수로 물은 넘쳐나지만, 식수로 쓸 깨끗한 물을 얻기는 어렵다는 뜻이다. SNS, 인터넷 방송 등 다양한 미디어에 온갖 주장과 정보가 난무하지만, 무엇이 옳은지 사실인지를 판별하기는 더욱 어려워지고 있다. '가짜 뉴스'는 정보화 시대를 역설적으로 상징한다. 아니 우리는 '인포데믹스 infodemics'가 현실감을 주는 시대에 살고 있다. 바이러스 감염이 우리 몸과 바이러스 인자 사이의 상호 작용 결과이듯, 거짓 정보와 혐오 언설이 우리 사고를 오염하는 과정도 비슷하다. 거짓 정보나 혐오 언설은 우리 생각 속의 편견과 오해를 수용체로 한다. 왜곡된 주장이나 정보를 참으로 받아들이는 과정에는 단지 그런 정보와 접촉해서만이 아니라 우리의 인식과 판단의 문제도 작용하는 것이다. 비판적 사고력이 부족하면 우리는 자신도 모르게 왜곡된 주장이나 정보를 전파하는 숙주가 될 수도 있다. 이 책이 잘못된 정보가 감염병처럼 퍼지는 인포데믹스 시대를 신중하면서도 당당하게 살아가는 데 도움이 되었으면 한다.

차례

사실과
의견은

어떻게 다른가

갈릴레이의 변절

저는 이단, 즉 태양이 세계의 중심이고 움직이지 않으며, 지구는 중심이 아니고 움직인다는 것을 주장하고 믿었다며, 강력한 의심을 성청으로부터 받았습니다. … 저는 앞서 말한 과오와 이단, 교회에 배치되는 다른 모든 과오와 교파 전반을 포기하고 저주합니다. 앞으로도 이단의 의혹을 받는 그 어떤 것도 절대로 말이나 글로 주장하지 않을 것을 맹세합니다.[1]

맹세란 무엇인가를 반드시 지키겠다고 다짐하는 일이다. 손

가락 걸고 '복사'까지 하는 약속보다 훨씬 중요하고 강력한 다짐이다. 누가, 누구에게 무엇을 맹세한 걸까? 지구가 우주의 중심이 아니며 움직인다는 주장을 하지 않겠다고 한다. 이른바 지동설을 주장하지 않겠다는 것이다. 그런데 맹세의 대상이 성청, 즉 교회다. 우주에 관한 일을 과학자 협회나 기구가 아닌 교황청에 하는 건 '이단'이라는 말과 관련이 있다. 이단異端이란 '정통의 가르침에 어긋나는 교리나 교파를 적대하여 이르는 말'이다. 과학적인 발언을 이단이니 뭐니 하는 것은 좀 이상하다. 하지만 그런 시대가 있었다. 저 맹세는 지동설이 이단이던 시대, 우주라는 자연현상의 의견과 이론의 제시가 교리에 묶여 있던 시대에 했던 갈릴레이의 서약이다. 근대 과학의 출발점이라 하는 갈릴레이는 왜 저런 맹세를 했을까?

천동설天動說은 지구가 우주의 중심이라는 생각이다. 우주의 모든 별이 지구를 중심으로 움직인다는 주장이다. 하지만 이는 단지 우주 현상을 설명하는 이론이 아니었다. 천동설은 우주의 근거로서 신(하느님)을, 그 신에게 선택받은 인간이 다른 생명체보다 우월함을 보여 주는 우주관이었다. 이런 생각은 16세기까지는 당연한 것으로 받아들여졌다. 누구도 의심하지 않았다. 그러나 1530년대에 코페르니쿠스가 지동설地動說을 제시하면서 이 믿음은 깨지기 시작했고, 의심이 확산하였다.

'코페르니쿠스적 전환', 18세기 독일 철학자인 임마누엘 칸

트가 처음 사용했다는 이 말은 이제까지 인정돼 온 이론에 대립하는 정반대의 주장이 나타나는 현상을 말한다. 많은 사람이 당연하고, 올바른 것으로 받아들이던 생각이 뒤집어지는 것이다. 지동설이 바로 그 일을 했다. 지구는 우주의 중심이 아니다! 이는 단순히 지구가 우주의 회전축이 아니라는 선언에 그치지 않는 우주관, 신 중심의 세계관을 흔드는 혁명이었다. 이단을 정통으로, 정통을 이단으로 바꾸는 혁명이었다.

당시 서양 세계를 정신적으로 지배하던, 교황을 중심으로 하는 교회는 천동설의 수호자였다. 교회의 지배력은 대단한 것이어서 누구든 이단으로 몰리면 끔찍한 고문을 받고 처형을 당할 정도로 강력했다. 1600년 조르다노 브루노는 우주가 무한히 넓다고 주장했다가 종교재판을 받고 화형당했다.[2]

코페르니쿠스는 교회의 탄압이 두려워 지동설을 담은 책 출판을 20여 년간이나 주저했고, 책을 내면서도 교황에 대한 헌정사를 싣는 등 교회와 충돌하지 않으려고 고심했다고 한다.

그런 덕분인지 코페르니쿠스는 종교재판에 넘겨지지는 않았다. 종교개혁가인 마르틴 루터에게 '바보'라는 놀림은 받았지만.[3]

하지만 코페르니쿠스의 지동설을 발전시킨 갈릴레오 갈릴레이는 운이 나빴다. 그는 1616년에 재판을 받고 더는 지동설 주장을 하지 않겠다는 서약을 해야 했다. 갈릴레이는 서약을 지켰을까? 1632년, 그는 서약과 달리 책을 출판해 간접적으로나마 지동설이 올바르다고 주장했다. 교황은 갈릴레이를 소환했고, 심문관들은 칠순을 바라보는 그에게 고문을 위협했다.

갈릴레이는 교회의 요구대로 지동설을 버렸다. 자신의 주장을 끝까지 지키고 화형당한 브루노와 달리 갈릴레이는 굴복을 선택했다. 과학, 지동설 측면에서는 변절이었다. 그렇다고 갈릴레이를 비난할 수 있을까? 비난받아야 하는 건 그에게 고문 위협으로 굴복을 강요한 교회다. "그래도 지구는 돈다." 갈릴레이가 재판을 받고 나오면서 한 말로 유명하다. 지동설을 주장하지 않겠노라 맹세하고 나오면서 중얼거리듯 한 말이다. 교황청에서 한 맹세가 자신의 과학적 신념의 변절이라면 이 중얼거림은 맹세의 변절이다. 하지만 세상은 이 말은 갈릴레이가 교회의 협박을 조롱한 것으로 받아들였다. 고문과 화형으로 과학자를 협박할 수는 있어도 그것으로 과학을 바꿀 수 없다는 것이다.

이 말에서 '그래도'가 의미하는 것은 무엇일까? 교회가 반대 주장을 이단으로 몰아가며 천동설을 고집해도, 협박에 못 이겨 자신이 지동설을 부정했어도, 그와 상관없이 지구는 태양을 돌고 있다는 뜻이다. 지동설을 둘러싼 어떤 논란과 갈등이 있다 해도 그에 아랑곳하지 않고 지구는 돌고 있고, 그것은 무엇으로도 부정할 수 없다. 또한, 이 말은 사실과 믿음, 의견의 차이를 시사한다. 우리가 무엇을 믿는 것, 즉 주관을 가진다고 해도 그것은 실제 일어나는 일과 다를 수 있으며, 사실은 누군가의 믿음이나 희망으로 좌우할 수 없음을 보여 준다.

사실일까, 의견일까?

의견은 어떤 일의 생각과 느낌을 말이나 글로 표현한 것이다. 견해란 말도 같은 의미로 쓰인다. 의견은 사람들 각자의 생각이 담긴 것으로 이런 속성을 일컬어 주관적主觀的이라고 한다. 의견을 말하는 사람의 감정과 느낌, 상상과 희망, 추측과 기대 등이 담겨 있기 때문이다.

나는 비 내리는 것이 좋다/싫다.
내일 비가 오기를 바란다.

누군가가 무엇을 좋아하거나 싫어하거나, 그것에 어떤 느낌이 드는가는 각자의 감정, 취향이다. 어떤 일이 일어나기를 바라거나 바라지 않는 것도 마찬가지다. 우리의 바람과 상관없이 자연현상인 날씨가 제멋대로 변하듯이 의견은 실제의 일과 다른 것이다.

이와 달리 사실은 실제 일어났거나 일어나고 있는 일을 말한다. 요즘은 '팩트fact'라는 말이 흔히 쓰이는데, '팩트 체크fact check'란 '사실 확인'을 영어로 쓴 것에 불과하다. 의견이 말하는 사람의 주관이 담긴 것이라면 사실은 객관적인 것이다. 사람들의 주관이 들어 있지 않은 것을 객관적이라 하는데, 사실의 이런 특성을 강조해서 '객관적 사실'이라 말하기도 한다. 무엇을 객관적 사실이라고 말할 때는 그것이 사람들의 주관이 들어 있지 않은, 실제로 있는 일이라는 점을 강조하는 어법이다. 하지만 아무리 강조해서 말한다 해도 실제로 그런지는 확인, 즉 팩트 체크가 필요하다.

비가 올 것 같다.
비가 왔었나 보다.

현재 비가 내리지 않은 상태에서 앞으로 그럴 것 같다거나 이전에 그런 일이 있었다는 추측을 하고 있다. 구름이 많이 낀 하늘을 보거나 혹은 땅이 젖은 것을 보고 내리는 판단일 것이다. 이는 사실을 말한 것일까, 의견을 말한 것일까? 이는 의견, 다시 말해 사실에 대한 의견이다. 날씨라는 객관적 자연현상을 말하고 있지만 두 진술 모두 추측이다. 미래의 일을 예측하는 것도 과거의 사건을 추측하는 것도 모두 의견이다. 먹구름이 많이 끼면 비가 내릴 가능성이 크지만 그렇다고 반드시 비가 내리지는 않는다. 땅이 젖은 건 비가 왔기 때문일 수도, 누군가 물을 뿌려서일 수도 있다. 사실일 가능성이 큰 추측이겠으나, 가능성이나 불가능성을 말하는 것 자체가 아직 일어나지(확인되지) 않은 하나의 의견일 뿐이다.

의견뿐만 아니라 사실 역시 언어로 표현되고 전달될 수밖에 없다. 사실이 스스로 말하지는 못하니까. 실제로 일어난 일을 표현했다 해도 그 자체는 사실이 아니다. 사실에 부합하는 설명이 있을 뿐이다. '비가 온다/왔다'는 진술은 현재 일어나는 일 혹은 과거의 일을 설명한다. 두 문장 모두 사실을 설명한다. 하지만 이것이 실제 일에 대한 설명인지, 다시 말해 참인지 거짓인지는 알 수 없다. 비가 내렸거나 내리고 있는 실제의 사건이 있다면 두 문장은 사실을 말한 것이다. 반대로 비가 내린 적이 없다면 두 문장은 비가 내린(내리는) 듯한 상황의 의견일 뿐이다. 사실에 부합하지 않는 의견이다. 아무리 실감 나게 어떤 일을 표현한다 해도 사실의 설명은 진위가 검증되기 전까지는 모두 확인되지 않은 의견이다.

　의견과 사실 모두 언어로 표현되기 때문에 여기서 혼동이 일어날 수 있다. 어떤 진술(주장)이 사실을 객관적으로 설명한 것인지 누군가의 주관적 추측이나 느낌을 말하는 의견인지 구분하기가 쉽지 않기 때문이다. 사람들의 대화나 토론을 보면 사실과 의견이 명확히 구분되지 않고, 의견도 사실인 것처럼 말하는 경향이 있다. 주관적인 의견임에도 마치 확인된 사실처럼 말하거나 사실을 설명하는 것처럼 보이지만 실제로는 의견에 불과한 경우가 많다. "나는 개인 이익을 바라지 않고 오로지 국가를 위해 살아왔다." 정치인들이 흔하게 하는 말이다. "회사 경영이 어려워 임금을 주기 어렵다." 기업주에게서 자주 듣는 말이다. 하지만 정말 개인 이익을 얻지 않았는지, 진짜 회사 경영이 어려운지는 확인이 필요하다.

　의견을 사실처럼 주장하거나 주장에 불과한 것을 사실로 받아들이면 의사소통은 물론 사회적으로 혼란이 일어날 수 있다. 인터넷의 발달로 다양하고 활발한 의사소통이 기대되는 시대에 오히려 소통의 어려움과 혼란이 증가하는 것도 이 때문이다. 사람들의 판단을 흐리게 하고 잘못된 행동을 하게 하는 이른바 가짜뉴스가 사회 문제가 되는 현실은 그런 우려를 더욱 짙게 만든다. 따라서 누군가의 주장을 평가하려면 그것이 무엇을 진술하는지 먼저 구분해야 한다. 그의 주장을 받아들일지 거부할지를 판단하려면 무엇이 사실 진술이고, 어떤 부분이 의견 진술인지를 구분해서 평가해야 한다. 사실 진술이라면 그것이 객관적 사실에 부합하는지를 확인하고, 의견 진술이라면 주관이 개입된 것이니 이를 고려해서 평가해야 한다.

우리 대표 팀의 승리는 당연한 일이다.
외계인은 있다.
일제강점기 강제징용은 없었다.

다른 나라와 경기에서 우리 팀이 승리한다는 것은 냉정한 전력 평가에 따른 믿음이라고 해도 이것은 의견이다. 우주에 인간 같은 지적 생명체가 있는지 없는지를 말하는 것은 사실 진술이지만, 이것은 추측이다. 외계인 존재는 지구인들이 어떻게 믿고 예측하는지와 무관하기에 나름의 과학적 근거가 있다 해도 아직은 확인되지 않은 의견에 불과하다. 일제강점기 강제징용 문제는 어떤가? 객관적 사실은 개인이나 기업, 국가의 이해관계나 인식과 독립되어 있다. 강제징용이 역사적 사실인지는 말하는 이의 애국심이나 희망으로 판단되는 문제가 아니다. 오로지 객관적인 근거, 즉 역사적 자료로 사실 여부를 확인할 수 있다.

어떤 주장의 사실과 의견의 차이를 이해하고 이를 구분하는 것은 비판적 사고의 출발점이라고 할 수 있다. 그 차이가 구분되지 않으면 어떤 주장에서 무엇이 참인지 혹은 거짓인지 알 수 없고, 주장의 의미를 제대로 평가할 수 없다. 한 정치인을 향해 "○○○은 공산주의자"라고 말한 사건을 놓고 1심 재판부는 무죄를, 2심은 유죄를 판결했다. 1심은 그 발언이 표현의 자유에 해당하는 '의견'으로 보았는데, 2심은 '허위사실'을 적시한 것으로 판단했다. 같은 발언을 왜 다르게 평가할까? 누군가를 좌파니 우파니 어떤 정치 성향이라고 하는 건, 평가, 즉 의견이다. 1심은 '공산주의자'라는 말도 그렇게 보았지만, 2심은 아니었다. 공산주의자로 활동했다는 근거에 기초한 발언, 즉 사실 진술로서 그 근거가 사실이 아니므로 허위이며 명예를 훼손했다고 본 것이다. 이 재판은 대법원 판단으로 차이가 해결되겠지만, 의견과 사실을 구분하는 게 얼마나 중요한지, 어려운지를 보여 준다.[4]

여기서 팩트 체크. 갈릴레이가 "그래도 지구는 돈다"라고 했다는 말은 소크라테스가 "악법도 법이다"라고 했다는 것만큼이나 오랫동안 많은 사람이 사실로 알고 있다. 하지만 이는 사실이 아니다. 소크라테스가 그렇듯이 갈릴레이도 그런 독백은 하지 않았다. 후대의 작가가 지어낸 말이라고 한다. 그럼에도 사실로 믿은 것은 그만큼 갈릴레이의 심정을 잘 보여 주는 말로 여겼기 때문이다.[5]

사실판단과 가치판단의 차이

부산으로 돌아와 정박하자 윤길은 그간의 실정과 형세
를 임금에게 보고하면서 '필시 병화(兵禍)가 있을 것이
다'고 하였다. …성일은 아뢰기를,
"그러한 정상은 발견하지 못하였는데 윤길이 장황하게 아
뢰어 인심이 동요되게 하니 마땅한 일이 아니다" 하였다.
…
유성룡이 성일에게 말하기를, "그대가 황의 말과 고의로
다르게 말하는데, 만일 병화가 있게 되면 어떻게 하려고
그러시오?" 하니, 성일이 말하기를, "나도 어찌 왜적이 침

입하지 않을 것이라고 단정하겠습니까? 다만 온 나라가 놀라고 의혹될까 두려워 그것을 풀어 주려고 그런 것이다" 하였다.[6]

임진왜란이 일어나기 1년 전, 일본에 외교사절로 다녀온 황윤길과 김성일은 선조에게 서로 다른 보고를 하였다. 황윤길은 병화兵禍, 즉 전쟁의 가능성을 주장한 데 반해, 김성일은 그 가능성을 부정한다. 조선의 당쟁을 부각할 때 많이 인용하는 기록이다. 황윤길과 김성일, 두 사람의 보고는 왜 다른 걸까? 서로 당파가 다르기 때문이란 게 가장 널리 알려진 이유다. 하지만 그것이 전부일까?

일본에 다녀온 두 사람이 왕에게 한 보고에는 일본의 상황을 놓고 내린 각자의 판단이 들어 있다. 어떤 사건이나 사물이 무엇인지, 무슨 일인지를 판정하는 것을 판단判斷이라고 한다. 무엇이 있는지 없는지, 무엇이 좋은지 나쁜지를 판가름하는 것이다.

기상청에서 발표하는 일기예보는 다음 날 날씨의 판단이다. 아직 일어나지 않은 일의 예측으로서 기압, 습도 등 날씨에 영향을 주는 요소들을 측정해 그 변화의 추이를 판단하는 것이다. 일기예보는 그것이 맞는지 틀리는지가 이튿날 확인이 된다. 이처럼 사실 여부가 참과 거짓으로 판가름 나는 진술을 사실

판단事實判斷이라고 한다. '비가 왔다/온다/올 것이다' 시점과 상관없이 사실에 부합하는지 아닌지 확인이 가능한 판단이다. 사실판단은 실제로 존재하는 사물이나 사건에 관한 의견이다. 우리가 어떤 일을 진술할 때는 사실판단을 하는 것이다.

사실판단과 달리 참과 거짓을 확인할 수 없는 진술이 있다. '얼굴이 잘생겼다', '짜장면보다 짬뽕이 더 맛있다', '살인자는 사형을 시켜야 한다'. 등과 같이 어떤 사물이나 사건의 가치를 평가하는 진술이다. 어떤 사물과 사건이 있는지 없는지가 아니라 그것이 좋은지 싫은지, 옳은지 그른지를 말하는 것이다. 사형제를 찬성 혹은 반대하는 의견은 그것이 옳다는 판단을 한 것인데, 이를 가치판단價值判斷이라고 한다. 가치판단에는 실제 사물과 사건을 어떻게 보는지 각 개인의 주관적 생각이나 느낌이 들어 있다. 어떤 사실의 실제 여부가 아니라 그것이 어떤 가치를 가졌다고 보는지를 주장하는 판단이다.

앞의 질문으로 돌아가 보자. 황윤길과 김성일의 의견 대립은 사실판단의 차이일까, 아니면 가치판단의 차이일까? 일본의 침략 가능성을 '있다'와 '없다'로 다르게 주장했으니 사실판단의 차이를 볼 수 있다. 하지만 유성룡과의 대화를 보면 김성일 역시 일본의 침략 가능성을 부정하지 않는다. 다만 그 가능성을 강조하여 말하는 것이 혼란을 일으킨다는 우려 때문에 황윤길과 다르게 보고했다. 김성일 말대로라면 그는 일본의 침략 가능성보다는 내부 혼란의 방지를 더 중요하게 여겼다. 이는 왕에게 한 보고에서 무엇에 더 가치를 두었는가가 황윤길과 달랐던 것으로, 결국 두 사람의 대립은 가치판단의 차이로 생겨났다.[7]

사람들의 말, 즉 진술에는 사실판단과 가치판단이 섞인 경우가 많다. '하늘의 흰 구름이 예쁘다'는 진술에는 '하늘에 흰 구름이 있다'라는 사실판단과 그것이 '예쁘다'라는 가치판단이 섞여 있다. 사실의 진술은 하늘에 정말 흰 구름이 떠 있는지 아닌지 확인할 수 있고 필요하다. 자연현상만이 아니라 사회현상의 진술도 사건과 사물의 실제 여부를 말할 때는 사실판단이 전제된 것이고 참과 거짓을 판가름할 수 있다. 그러나 '예쁘다'와 같은 가치의 진술은 참과 거짓의 검증이 불가능하다. 무엇에 더 가치를 두는가는 개인마다 다르다. 사람에 따라 흰 구름보다 먹구름이나 노을에 물든 구름을 더 예쁘다고 생각할 수 있다.

흰 구름이 없거나 먹구름인데 누군가 저런 말을 했다면 어떨까? 말실수가 아니라면 그는 자연현상을 잘못 알았거나 다른 사람들을 속인 것이다. 자연현상보다 사회현상을 진술할 때 사실판단과 가치판단이 섞인 경우가 많고 그 구별이 더 어렵다. 수많은 사람이 복잡한 이해관계로 얽혀 있기 때문이다. 그러므로 사회현상에서 사람들의 태도를 바르게 이해하려면 두 판단이 어떻게 나타나는지를 잘 살펴야 한다.

불법체류자들은 범죄 가능성이 높아서 이들을 관대하게
대하면 안 된다.

미등록 이주자를 강하게 단속하자고 요구하는 주장이다.
이들의 존재를 사실상 묵인하는 정부 정책이 잘못이라는 것
으로 이는 가치판단의 문제다. 하지만 그 근거로 제시되는 미
등록 이주자가 범죄 가능성이 높다는 주장은 사실 확인이 필
요하다. 신분이 '불법체류자'라고 해서 범죄의 가능성이 높다
는 것은 사실로 확인된 판단이 아니다. 이는 자신의 주장(가
치)을 정당화하려고 실제와 다른 판단을 사실처럼 근거로 제
시한 것이다.

사람들 사이의 의견 대립은 사실판단과 가치판단의 차이
에서 비롯되는 경우가 많다. 이를 바르게 해결하려면 대립하
는 의견 속에 어떤 판단의 차이가 있는지를 살펴야 한다. 의견
대립을 해결하는 방법이 그 차이에 따라 다르기 때문이다. 앞
에서 본 갈릴레이와 교황청의 의견 대립은 사실판단이 달라서
일어났다. 지구가 태양 주위를 도는지 태양이 지구 주위를 도
는지 판단이 서로 다른 것이다. 무엇이 사실인지는 과학적으
로 확인할 수 있다. 그런데 교황청은 이 차이를 어떻게 해결하

려고 했나? 갈릴레이를 위협하여 주장을 철회하도록 강요했다. 이는 우주 현상을 사실의 문제가 아니라 가치의 문제로 대했기 때문이다. 천동설을 지켜야 교황청 중심의 세계관과 권력이 유지된다고 여겨서다.

정의의 칼은 없다

1566년 12월 29일. 두 사람이 칼을 들고 마주 섰다. 어둠 속이지만 서로를 노려보는 비장한 표정이 심상치 않다. 멀찍이 떨어져 있는 누군가 신호를 보내자 둘은 서로를 향해 칼을 휘둘렀다. 칼끼리 부딪치는 소리가 섬뜩하고 날카롭다. 칼이 허공을 가르는 소리는 듣는 이에게 서늘한 공포를 주었다. 시퍼런 칼이 서로의 몸을 겨누며 어지럽게 춤을 추던 순간, 한 사람이 비명을 질렀다.

티코 브라헤(Tycho Brahe, 1546~1601)라는 덴마크의 천문학자가 결투를 벌인 이야기다. 상대는 그의 사촌이라는 얘기도 있고, 무도회에서 만난 어느 귀족이란 얘기도 있다. 이즈음의 서양 상류층 남성들은 결투를 자주 했다고 한다. 교회에서 금지했음에도 상대가 자신을 모욕해서 혹은 복수 때문에 총이나 칼을 들고 결투를 벌였다. 그런데 브라헤는 누군가와 수학의 어떤 공식이 옳은지 그른지를 놓고 논쟁하다가 이를 결투로 해결하기로 했다.[8] 이와 달리 그의 어떤 예언을 상대가 비웃었기 때문이라는 설도 있다.

브라헤는 유명한 천문학자 요하네스 케플러의 스승(혹은 고용주)으로, 그가 관측한 기록을 토대로 케플러는 행성의 타원 운동을 입증해 지동설을 발전시켰다. 비록 스무 살, 젊은 시절의 일이기는 하지만 과학자가 결투로 누구의 주장이 옳은지를 가리려고 했다니, 이해하기 어려울 수 있다. 그런데 당시의 결투는 재판의 성격을 가졌다. 단순한 감정싸움이 아니라 결투를 신의 심판이라고 생각했다. 신은 옳은 자의 편에 서기 때문에 결투에서 이긴 사람은 신의 도움으로 올바름을 입증한 것이 된다. 브라헤의 결투에서 신은 누구 편에 섰을까?

주장을 인정받으려고 목숨을 건 결투까지 하는 것은 그만큼 자신의 주장에 확신이 있기 때문이다. 브라헤나 그의 상대나 자신의 신념을 지키는 강한 사람으로 멋있게 보일 수도 있다. 둘의 칼질이 서로의 목숨을 노릴 만큼 절박하고 중요한 문제이며, 다른 대안이 없는 상황에서 이루어진 거라면 말이다.

확신이란 굳은 믿음을 말한다. 하지만 강한 믿음이 행동의 동력일 수는 있어도 옳음의 근거는 아니다. 우리가 무엇을 믿는다는 것과 그것이 사실이냐는 별개의 일이다. 그 믿음이 아무리 강한 확신이라도 다르지 않다.

결투에서 브라헤는 큰 부상을 당했다. 그가 패한 것이다. 상대의 칼이 그의 코 일부를 베었고, 그 때문에 평생 금속으로 코를 덮고 살았다. 결투에서 진 그가 상대의 주장이 옳다는 것을 인정했을까? 그 뒷얘기는 알려지지 않았는데, 상대에게 자기주장을 고집하지는 못했겠지만 그렇다고 상대 주장을 마음으로 수긍하지도 않았을 것이다. 무엇이 올바른지, 무엇이 사실인지를 과학적으로 검증하지 않고 결투 같은 방식으로 해결하려는 시도는 현대에도 있다.

자동차마다 카메라를 설치하는 요즘은 덜 하지만, 그전에는 자동차 접촉사고가 나면 운전자끼리 큰 소리를 내며 싸우는 일이 많았다. 상대의 과실을 주장하는 말다툼이 멱살잡이에 주먹질로 이어지는 경우도 드물지 않았다. '목소리 큰 사람이 이긴다'는 말이 운전하는 사람들 사이에서만이 아니라 사회적으로 무슨 격언처럼 널리 퍼져 있었다. 여기서 목소리가 크다는 건 단지 목청이 좋다는 얘기가 아니다. 지금의 다툼에서 떳떳하고 자신이 있다는 것을 보여 주는 행동이지만, 상대를 위축시키고 제압하려는 의도가 더 강하다. 몸집을 부풀려 자신이 만만한 상대가 아님을 과시하는 동물들의 행동과 비슷하다.

결투에서 이긴 승자는 그가 옳아서 이긴 걸까? 결투의 승패는 결투 기술로 갈리지 누가 올바른가로 결정되지 않는다. 옳고 그름을 가르는 정의의 칼 따위는 없다. 목소리가 크거나, 힘이 세다는 게 어떤 주장의 올바름을 입증하는 근거일 수는 없다. 외치든 속삭이든, 힘센 이가 하든 약한 사람이 하든, 주장은 주장, 단지 하나의 의견일 뿐이다.

천동설 역시 우주 현상의 설명이다. 오랫동안 대부분 당연한 사실로 받아들여 왔다. 그러나 전통이 있다거나 다수가 믿고 있다고 해서 객관적 사실이 되지는 않는다. 과학적 증거로 뒷받침되어야 한다. 갈릴레이가 자신의 신념을 거스르도록 강요한 교회는 종교적 믿음과 권력으로 천동설을 지키려고 했다. 하지만 천동설이 몰락하고 지동설이 부상하는 과정은 누구의 어떤 주장도 사실 확인이 되기 전까지는 하나의 의견일 뿐이며, 이제까지 사실로 인정되던 것도 새로운 증거로 사실의 지위에서 밀려날 수 있다는 걸 보여 준다.

국민에게 정부는 국가 그 자체다. 정부의 발표는 곧 국가의 결정이며 선언으로 다가온다. 하지만 그 국가가 사실을 왜곡하여 국민을 속이는 일도 흔하게 일어난다.

광주 폭동 사태의 경위와 진상을 살펴볼 때⋯ 사태를 최

악의 상황으로 몰아넣은 데에는,

첫째 북괴의 고정간첩과 이에 협력하는 불순 위해 분자들의 책동으로써 전남 남해안을 통해 상륙 침투하여 광주 일원에서 활동하다가 서울로 잠입, 공작임무를 확산시키려다 23일 검거된 남파 간첩 이창룡의 그간 필답심문에 의한 진술과 당국에 포착된 몇 가지 징후가 일치 실증되었으며…[9]

1980년의 광주민주화운동을 북한 간첩이 일으켰다는 당시 정부의 발표는 오랫동안 많은 국민이 5·18의 진상을 오해하도록 했다. 다른 주장이 나올 수 없게 철저히 통제하고 억압했기에 광주 시민들은 간첩에 조종된 폭도라는 누명을 쓰고 살아야 했다. '전라도'를 폄하하는 근거이기도 했다. 이는 국가를 신뢰하는 국민을 이용해 국가권력을 장악한 특정 집단이 자신들의 이익을 지키려고 사실을 왜곡하고 강제한 결과다. 대학생을 잡아다 고문 끝에 죽음에 이르게 하고 책상을 '탁' 치니 '억' 하고 죽었다고 한 발표도 그렇고, 고문과 날조된 증거로 평범한 시민들을 간첩으로 몰아 감옥으로 보낸 수많은 간첩 조작 사건 역시 국가권력을 이용한 사실 왜곡의 사례다.

갈릴레이 이야기는 사람을 잡아다 고문하고 처형하는 권력자나 권력기관의 말이라고 해서 그 자체로 옳거나 사실로 인정할 수 없다는 것을 일깨워 준다. 정부의 발표라고 해서, 권위 있는 기관이나 권력자의 주장과 결정이라고 해서 그대로 사실로 확정되는 것은 아니다. 권위든 권력이든 그 어느 것도 객관적 사실을 규정하는 근거가 아니다. 우리가 권위를 인정하고 따르는 사람이나 단체의 말도 마찬가지다. 신뢰하기에 믿음이 갈 수 있으나 그것은 우리의 주관일 뿐, 사실이라는 '보증'은 아니다. 더구나 사실은 보증이 아니라 입증되어야 하는 것이다.

'로미오'는 줄리엣의 원수

오, 로미오, 로미오! 그대는 왜 로미오인가요? …그대 이름만이 내 원수일 뿐이에요. 몬터규가 아니더라도 그대는 그대죠. 몬터규가 뭔가요? 그건 손도 발도 아니고 팔이나 얼굴, 사람 몸의 어느 것도 아니에요. 제발, 다른 이름이 되세요. 이름이란 게 뭐예요? 장미를 다른 이름으로 불러도 달콤한 향기는 그대로일 거예요. 로미오도 마찬가지, 로미오라 부르지 않아도 호칭 없이 지닌 그 고귀한 완벽함을 유지할 거예요. 로미오, 그대 이름을 버려요.[10]

셰익스피어의 《로미오와 줄리엣》에 나오는 줄리엣의 대사다. 첫눈에 사랑에 빠진 상대가 하필이면 원수 가문의 일원이라니, 줄리엣의 심정을 이해할 만하다. 그래서 줄리엣은 혼잣말이지만, 로미오에게 몬터규 가문에서 받은 이름을 버리라고 요구한다. 그러면 로미오는 더는 원수가 아닐 테니까. 로미오라는 멋진 사내는 그 이름 때문에 생겨난 게 아니니, 원수의 이름을 버린다 해서 그 '멋짐'이 사라지지 않을 거라고 줄리엣은 믿는다. 장미의 이름을 두리안으로 바꿔 불러도 장미 향기가 악취로 바뀌지는 않는다는 것이다. 줄리엣의 바람은 실현될 수 있을까?

사람의 이름은 그를 다른 사람과 구별하여 부르는 도구다. 세상에 태어나서 이름을 부여받고, 그 이름으로 사회생활을 하면서 우리는 이름과 나의 존재가 마치 하나인 것처럼 여기며 살아간다. 사회와 다른 사람과 관계에서 이름이 나를 대표하는 것에 익숙하다. 하지만 우리는 이름과 그 이름을 가진 사람을 동일하게 여기지는 않는다. 같은 이름을 가진 사람들이 있다고 해서 그들을 동일인이나 복제인간으로 보지 않으며, 한 사람의 이름이 바뀌었다고 그를 다른 인물로 혼동하지 않는다. 이름은 이름일 뿐, 이름이 사람에 속하지 사람이 이름에 속하지 않는 걸 알기 때문이다.

줄리엣의 바람대로 로미오가 가문의 이름을 버린다면 둘

은 원수 관계가 되지 않을까? 로미오가 자신의 이름을 버린다고 해서 다른 사람이 되지 않는 것처럼, 새로운 어떤 이름을 가져도 원수 가문의 자식이란 사실은 바뀌지 않는다. 줄리엣과의 사랑을 위해 로미오가 부모와 의절을 해도 마찬가지다. 두 사람의 관계에 영향을 주는 객관적 사실, 즉 실제의 관계가 바뀌지 않는 한 이름을 바꾸는 건 의미가 없다. 그럼에도 둘의 사랑이 맺어지는 것은 이름을 바꿔 원수 가문으로서 관계를 변화시켰기 때문이 아니라 그 적대 관계에 맞서 사랑을 일궈 갔기 때문이다.

사람의 이름만이 아니라 사물과 사건의 이름도 마찬가지다. 장미라는 이름이 장미의 특성을 정하지는 않는다. 이름이 있기 전에 이미 장미가 있고, 다른 식물과 구분하려고 장미라고 이름 붙였듯이 이름이 실제 사건이나 사물의 존재와 성격을 규정하지는 않는다. 이름이란 특성이 표현된 것일 뿐, 이름이 사물과 사건 그 자체일 수는 없다. 이름이 바뀌거나 없어져도 사건과 사물이 사라지거나 다른 것이 되지는 않는다.

윌리엄 셰익스피어, 이순신, 갈릴레이 갈릴레오, 미야자키 하야오 이것들의 공통점은 사람의 이름이다. 살았던 시대도 장소도 다르고, 살았던 인생도 모두 다른 사람들이 사용한 이름이다. 사람들 이름 각각이 아니라 사람 이름(인명人名)이라는 공통적인 특성을 가리켜 개념槪念이라고 한다. 국어사전에 있는 사건이나 사물 그리고 생각들을 가리키는 명사들은 대부분 개념을 모아 놓은 것이다. 서식지나 모양과 크기에 상관없이 엽록소가 있어 광합성을 하는 생물체를 우리는 식물이라는 개념으로 설명한다(엽록소가 없는 식물도 있다). 장미는 식물 중 한 종의 개념이다. 참가자들이 촛불을 들든 태극기를 들든, 실내에서 하거나 거리에서 하거나 목적을 가지고 사람들이 모이는 것을 집회라는 개념으로 설명한다.

개념은 각각의 사물과 사건의 공통적인 특성을 종합해 언어로 표현한 것이다. 인간의 언어생활은 이 개념으로 이루어진다. 여기서 '공통적인 특성을 종합'했다는 말은 개별적인 사물과 사건의 자세한 특성이 반영되지 않는다는 뜻이기도 하다. 사람들이 키우는 각각의 개는 품종도 다르고, 같은 종일지라도 생김새는 물론 성격도 모두 다르다. 영이가 키우는 푸들 뭉치, 순이네 웰시 코기 순돌이, 철이네 풍산개 풍월이 등 각각의 개들에 있는 구체적 특성이 개라는 개념에는 담기지 않는다. 그래서 세상에 '개는 없다'라고도 한다. 개념으로서 개는 사전에나 있지 실제의 세상에서는 볼 수 없으니까.

귀신의 존재를 믿는 사람 중에는 그 근거를 귀신이라는 개념에서 찾기도 한다. 귀신이란 말이 있는 건 실제로 귀신이 있기 때문이라는 것이다. 이름이나 개념이 있기에 사물이나 사건이 존재하는 건 아니므로 귀신이라는 말이 귀신이 실재한다는 증거일 수는 없다. 타임머신이나 외계인이란 말도 마찬가지다. 개념은 세상을 인식하고 실천하는 데 중요한 역할을 하지만, 개념과 실제의 사건 및 사물은 차이가 있다. 같은 개념으로 설명된다고 해서 각각의 사건과 사물이 서로 똑같지 않으며, 개념이 있다고 해서 그것이 모두 실제의 사실이라는 의미도 아니다. 어떤 개념은 실제의 사건이나 사물을 근거로 형성된 게 아니라 사람의 상상이나 사유로 만들어진다. 이런 추상적 개념은 의미가 뚜렷하지 않아 무엇을 말하는지 모호할 때가 있다.

정치인들은 모두 정의를 외친다. 목표가 같으니 협력이 잘 될 듯한데, 싸움이 끊이지 않는 까닭은 방법의 차이만이 아니라 서로 얘기하는 정의가 다르기 때문이기도 하다. 같은 개념을 쓰고 있으나 그 의미가 다른 것이다. 현재의 사회 질서나 제도의 유지를 정의로 보는 이가 있는가 하면, 그것의 변화를 정의로 보는 사람도 있다. 또 사회적 자원의 분배에서 누구는 공정한 경쟁을, 어떤 이는 경쟁 아닌 배분 방식을 정의로 주장한다. 객관적 실재에 기초하지 않은 추상적 개념은 사람마다 다르게 이해하고 설명할 수 있다. 그러므로 누군가 정의와 민주, 도덕 등을 말하면 그가 그런 개념의 의미를 무엇으로 보는지를 살펴봐야 한다. 사용하는 개념이 같아도 그 의미를 다르게 이해하고 있으면 소통은커녕 공허한 논쟁만 되풀이된다.

역사는 모두 사실일까?

而倭以辛卯年 來渡'海'破 百殘□□□羅 以爲臣民

(이왜이신묘년 래도'해'파 백잔□□□라 이위신민)

* ' '는 변조 가능성이 제기되는 글자, □는 해독이 되지 않는 글자

광개토대왕 비문의 일부로 역사학자들 사이에 논란이 끊이지 않는 이른바 '신묘년 기사'다. 신묘년은 광개토대왕이 즉위한 해로 391년이다. 20자의 짧은 문장이지만 이를 어떻게 해석하느냐에 따라 고대 동아시아 역사가 전혀 다르게 설명되기에 매

우 중요한 의미가 있다.

"신묘년에 왜가 바다를 건너와 백잔과 신라를 □□ 깨트려 신민으로 삼았다." 일본 학자에게서 나오는 해석이다. '해'가 변조된 게 아니며, 문장 말미 '□라이위신민'의 '□라'를 신라로 본 것이다. 이런 해석은 《일본서기》 기록과 연결돼 '임나일본부설'의 근거가 되기도 한다. 고대 한반도 남쪽에 일본의 식민지가 있었다는 주장으로 19세기 조선 침략을 정당화하는 역사적 근거로 쓰이던 해석이다.

한국 학자들은 이런 해석을 부정한다. 위의 비문을 인정하는 학자들은 "신묘년에 왜가 오니 바다를 건너 깨트렸다. 백잔이 (왜를 끌어들여) 신라를 신민으로 삼았다"는 해석도 있고, "신묘년에 왜가 왔다. (고구려가) 바다를 건너가 백잔과 신라를 깨트리고 신민으로 삼았다"는 해석도 있다. 일본 학자들의 해석과 달리 '깨트리는'(破) 주체를 고구려로 보는 것이다. 비문이 변조됐다고 보는 학자들은 무엇을 변조로 보는지에 따라 해석 차이가 있으며, '□□□라'를 신라가 아닌 임나가라任那加羅, 즉 가야로 보는 학자도 있다. 최근에는 '해'가 바다를 가리키는 것이 아니며 뒤의 '파'와 함께 고대 한반도 지명인 '반파'라는 주장도 있다. 이에 따르면 '왜가 신묘년에 반파로 건너오자 백제가 그들과 함께 신라를 침략해 신민으로 삼았다'는 뜻이 된다.[11] 그래서 고구려가 이를 정벌했다는 것이다.

비문 해석을 두고 역사학자들 사이에 논란이 일어나는 것은 자연스러운 일이다. 뜻 문자인 한자로 기록된 데다가 띄어쓰기를 어떻게 하느냐에 따라 해석이 완전히 달라지는데, 해독이 안 되는 글자마저 있기 때문이다. 비문을 둘러싼 논란은 제한된 기록으로 고대 역사를 이해하는 것이 얼마나 어려운 일인지를 보여 준다. 하지만 문제는 여기에 그치지 않는다. 일부 학자들은 비문 내용을 그대로 사실로 볼 수 있는가를 두고 의문을 제기한다. 비문을 어떻게 해석하든 기록 내용을 당시 역사의 객관적 사실의 기록으로 보기 어렵다는 것이다.[12]

광개토대왕비는 그 아들인 장수왕이 세웠다. 고구려의 위세가 최고에 이르던 때로 나라에 큰 영광을 남긴 부왕의 업적을 과시하는 데 목적이 있다. 비문이 고구려를 중심에 두고 쓰일 수밖에 없으며, 선왕의 업적을 치켜세우려고 당시의 상황을 과장해서 기록했다는 주장도 가능하다. 비문에 나오는 '백잔'은 백제를 말한다. 잔殘은 나머지, 쓰레기 등의 뜻을 지닌 글자다. 요즘 말로 하면 백제 쓰레기, 백제 떨거지라는 뜻이다. 이웃 나라 이름을 깎아내려 쓸 만큼 당시의 고구려가 백제에 나쁜 감정을 가졌음을 알 수 있다. 비문은 그 감정이 그대로 기록으로 남은 것이다.

역사 기록과 역사적 사실이 다를 수 있다는 것은 역사학자들에게는 상식과 같다. 역사 기록이 과거의 사실 그대로라고 보지 않기 때문이다. 실제의 역사적 사건을 객관적 사실 그대로 서술했다고 보지 않는 것이다. 역사歷史란 과거의 일이라는 의미지만, 이에 대한 기록이라는 의미도 있다. 기록된 역사로 우리는 과거의 사실을 알게 된다. 학교에서 배우는 역사 교과서에 있는 수많은 사건과 인물에 대한 서술은 모두《삼국사기》나《조선왕조실록》같은 기록된 역사를 토대로 이루어진다. 이 역사 기록은 누가 남긴 것일까? 역사 교과서를 현재의 역사학자들이 만들 듯이 이런 역사 기록들도 당대의 역사가들이 기록했다.

역사학자들이 최대한의 객관적인 자세로 역사를 서술한다고 해도 그들 역시 주관을 가진 인간이다. 영국의 역사학자 에드워드 H. 카Edward H. Carr는 역사를 "행진하는 행렬"이라 할 때, 역사학자는 높은 곳에서 이를 바라보는 "독수리"가 아니라 행렬 속에 있는 "역사의 한 부분"이라고 한다.[13] 역사 서술 과정에 역사가의 주관이 들어갈 수밖에 없다는 점을 강조하는 말이다. 주관이 들어간다고 해서 과거의 사실을 거짓으로 지어낸다는 의미는 아니다. 역사에 과거의 어떤 사실을 담을지, 어떻게 쓸지를 선택하는 과정에서 역사학자가 사는 시대와 사회에 형성된 가치관, 문화 등이 그의 선택에 영향을 준다는 것이다.

이는 역사 역시 하나의 '의견'일 수 있다는 점을 보여 준다. 역사학자의 주관은 먼저 기록할 과거의 사건을 정하는 과정에서 나타난다. 《삼국사기》는 고대 한반도의 모든 역사를 담지 않았으며, 고구려, 백제, 신라 삼국에서 일어난 모든 일을 기록하지도 않았다. 삼국에서 일어난 수많은 일 중에서 선택된 사건만이 기록된다. 역사학자의 선택에 따라 기록할 만한 가치가 있다고 여기는 사건만이 역사가 되고, 나머지 사건들은 제외된다. 기록에 남길 만한 역사적 가치를 결정하는 것은 역사학자의 주관이다.

《삼국사기》는 고려의 역사가 김부식이 선택한 사건들을 기록한 역사다. 고려 초기에 나온 《구삼국사》가 고구려 계승의식이 강조된 것에 반해 중기에 지어진 《삼국사기》는 신라를 강조하는 서술이 이루어졌다고 한다.[14] 이는 당시 고려 사회의 변화를 보여 주는 것이기도 하고, 경주 출신 정치인 김부식의 의식이 반영된 것이기도 하다. 그러면서도 선덕여왕의 즉위를 "나라 망하지 않은 것이 다행"이라고 평가하는 남존여비男尊女卑의 유교적 사상과 고구려와 백제의 멸망이 중국에 불복종해서라고 보는 사대事大의 관점이 녹아 있기도 하다. 《삼국사기》를 읽을 때는 이런 점들을 감안하고 보아야 한다.

한반도 고대 역사를 사실에 가깝게 이해하려면 《삼국사기》만이 아니라 다른 역사 기록도 함께 보아야 하는데, 《삼국유사》를 비롯해 중국이나 일본의 역사서들 역시 기록된 역사라는 점을 생각해야 한다. 역사학자들은 과거의 어떤 사건을 연구할 때 다른 역사 기록과 비교하여 그것이 실제의 사건인지 확인하고, 어떤 배경과 맥락에서 서술이 이루어졌는지를 살핀다. 역사 기록에 대한 해석이 이루어지는 것인데, 이 역시 역사가의 주관이 스며드는 과정이다. 역사학자에 따라 다른 해석이 이루어질 수 있다. 광개토대왕 비문을 둘러싼 논란은 그 대표적 사례다. 훼손되어 알 수 없는 글자가 있는 이유도 있지만, 고대사를 보는 관점, 어떤 역사 기록에 더 가치를 두는가에 차이가 있기 때문이다.

과거의 사건으로서 역사는 사실 그대로 순수하고 객관적인 모습으로 우리에게 전해지지 않는다. 이미 지나간 일이니 그럴 수가 없다. 우리가 만나는 역사는 기록한 사람의 주관과 그 역사를 해석하는 사람의 주관이 개입된 서술이다. 결국, 역사에도 사실이 있고 의견이 있는 셈이다. 역사 교과서를 둘러싼 국가 간 갈등이나, 한국사 교과서 국정화 논란은 기본적으로 역사의 이런 성격에서 비롯된 것이라 할 수 있다.

역사를 볼 때 생각해야 할 점이 한 가지 더 있다. 《삼국사기》가 그렇듯이 기록된 역사의 대부분은 왕과 그들의 신하, 즉 지배층의 역사란 것이다. 무언가를 기록할 수 있는 능력이나 조건이 지배층에 독점돼서 그렇기도 하지만, 백성이라 불린 민중들의 역할을 무시했기 때문이다. 경제적 생산과 국가의 군사력을 이루는 민중을 통치와 동원 대상으로만 보았지 그 역사적 역할을 인정하지 않은 것이다. 지배층의 역할, 영웅들의 활약만으로는 한 시대의 역사를 제대로 이해할 수 없다는 점에서 이 역시 사실의 문제를 낳는다. 기록된 역사에 있는, 기록되어 있지 않은 이 문제를 한 시인은 이렇게 지적한다.

성문이 일곱 개인 테베를 누가 세웠던가?
책에서는 왕들의 이름만 볼 수 있다
왕들이 손수 바윗덩어리를 끊고 왔을까?
그리고 몇 차례나 파괴된 바빌론
그때마다 그 도시를 누가 일으켜 세웠던가?
건축 노동자들은
황금빛 찬란한 도시 리마의 어느 집에서 살았는가?
만리장성이 완공되던 그 밤
석공들은 어디로 갔나? 위대한 로마에는
개선문이 넘쳐난다. 누가 그것을 세웠나?
로마 황제들은 누구를 무찌르고 개선했던가? 끊임없이
노래되는 비잔틴에는
시민만을 위한 궁전이 있었던가? 전설적인 아틀란티스에서도
바다에 삼켜지던 그 밤에
물에 빠져 죽어가는 자들은 자신의 노예를 찾아 울부짖었다

젊은 알렉산더는 인도를 정복했다

그 혼자서 해냈을까?

시저는 갈리아를 정벌했다

적어도 취사병 한 명은 데려가지 않았을까?

스페인의 필립 왕은 울었다

그의 함대가 침몰했을 때, 그 말고는 아무도 울지 않았을까?

프리드리히 2세는 7년 전쟁에서 승리했다. 그 말고도

누군가 승리하지 않았을까?

역사의 페이지마다 승리가 나온다

승리의 향연은 누가 차렸나?

십 년마다 위대한 인물이 나타난다

그 비용은 누가 지불했던가?

그 많은 기록

그 많은 의문

〈어느 책 읽는 노동자의 의문〉 베르톨트 브레히트Bertolt Brecht

분석이
쓰면

인과因果는 달다

너 때문이야!

간단한 단어로 요구나 불만을 전하던 아이들의 말은 시간이 지나면서 문장이 되고, 여러 개의 짧은 문장으로 의사 표현을 하기 시작한다. 여전히 언어 표현이 미숙해 보이지만 그 속에는 논리적 사고의 단서가 나타난다. '때문에', '왜냐하면'으로 연결되는 표현을 자주 하는데, 이는 어떤 일이 일어나는 원인이나 이유를 제시할 줄 안다는 뜻이다. 의사 표현을 하면서 원인이나 이유를 제시하는 건 그런 사고를 하는 것이지만, 다른 한편으로는 자신의 주장이나 요구에 설득력을 높이는 방법이란 걸 알기 때문이다. 어떤 일이 일어날 수밖에 없는 원인이나 이유를 댄다면 그 일의 발생이 당연하고 정당한 것으로 상대를 설득할 수 있으니까.

A가 속한 회사는 방위산업에 쓰이는 부품을 납품하면서 가격을 부풀리는 방식으로 이익을 챙겨왔다. 관련 공무원에게 뇌물이 제공되기도 했다. 하지만 이 사실을 A가 제보함으로써 회사는 수사를 받게 되었다. 사무실이 압수수색을 당하고, 많은 직원이 조사를 받았으며 일부는 체포되기도 했다. 회사의 매출은 급락했고, 직원들은 예전처럼 성과금을 받을 수 없었다. A의 제보 사실이 알려지면서 많은 직원이 그를 따돌렸다. 일부 직원은 그를 대놓고 비난했다. "이게 모두 너 때문이야."

직장에서 따돌림받는 공익 제보자 A, 그에게 고통을 주는 이들은 그 고통의 원인이 피해 당사자인 A에게 있다고 한다. A가 내부고발을 하지 않았다면 수사도 없고, 따돌림할 이유도 없으니 그럴 듯해 보인다. 이와 비슷한 일이 우리 사회에는 많다. 시도 때도 없이 찾아와 위협하는 괴롭힘이 "돈을 갚지 않은 너 때문이야"라는 사채업자도 있고, 성범죄 피해 여성에게 짧은 치마를 입고 다닌 탓이라는 지적도 있다. 고통받은 원인이 자신에게 있다니 피해자들은 묵묵히 고통을 받아들여야 할까?

어떤 일이 왜 일어났는지를 설명할 때 원인과 결과의 관계로 진술하는 것은 꽤 논리적인 방법으로 평가된다. 자연이나 사회현상을 설명하는 과학적인 방법이기도 하다. 그래서 설득력도 높다. 어떤 일의 원인을 찾는 건 상식적이기도 하다. 상식적이라고 말하는 것은 특별히 훈련을 받지 않아도 누구나 쉽게 사용하는 사유와 설명 방식이기 때문이다. 그런 만큼 왜곡이나 오류가 일어나기도 쉽다. 실제의 원인을 놓치거나 엉뚱한 걸 원인으로 지목해 인식상의 혼란은 물론 잘못된 행동을 하게 하는 것이다. 괴롭힘의 원인을 피해자 탓으로 몰아가는 위의 사례도 그런 문제에 해당한다.

비판적 사고를 하려면 논리적인 주장일지라도 근거로 삼은 원인 설명이 적절하고 올바른지 '비판적으로' 검토해야 한다. 그래야 누군가의 일방적인 논리에 끌려가지 않는다. 위 사례처럼 가해자들이 자기 죄를 덜고 이익을 잃은 분풀이로 하는 주장에 현혹돼서는 안 된다. 이를 위해 먼저 어떤 일의 원인을 찾는 것이 왜 중요한지 살펴보자.

"아니 땐 굴뚝에 연기 나랴." 아궁이에 땔감, 즉 연료를 태우면 굴뚝에서 모락모락 연기가 피어오른다. 요즘의 주거 문화에서 아궁이와 굴뚝은 보기 힘들지만, 예전에는 요리와 난방을 이걸로 했다. 이 속담에는 두 개의 사건이 있다. 불을 때는 아궁이에서의 사건과 연기를 내보내는 굴뚝에서의 사건. 속담은 두 사건을 연결하여 불을 피우지 않은 굴뚝에서 연기가 날 리 없다고 말한다. 연기를 안 일으키는 연료가 없던 시대의 속담 이지만 여기에는 중요한 철학적 관점이 들어 있다. 바로 인과관 계로 세상의 일들을 이해하는 것이다.

인과관계因果關係란 서로 다른 두 개의 사건이 원인原因과 결 과結果의 관계를 맺는 것을 말한다. '원인'이 어떤 일이 일어나게 된 까닭이라면, '결과'는 그 원인으로 일어난 또 다른 사건이다. 굴뚝에서 나는 연기는 아궁이에서 불을 지핀 사건이 있어 일 어난 일이다.

원인 아궁이에 불을 지피다/지피지 않는다.
결과 굴뚝에서 연기가 나다/나지 않는다.

굴뚝에서 연기가 난 사건은 아궁이에 불을 지핀 사건을 원 인으로 한 결과다. 그래서 두 사건은 원인과 결과, 즉 인과관계 에 있다고 말한다. 이때 원인이 되는 사건은 결과 사건에 앞서 서 일어난다. 굴뚝에서 연기가 난 다음에 아궁이에 불을 지피 는 사건이 일어나지는 않는다. 이렇게 보면 '불을 때지 않은 굴 뚝에서 연기가 날 리 없다'라는 속담의 의미는 '원인 없는 결과 는 없다'라는 뜻으로 이해할 수 있다. 어떤 사건이 있으면 거기에는 반드시 그 사건이 일어나게 한 원인이 있다는 뜻이다.

이런 생각의 의미는 세상의 모든 사건에는 원인과 결과의 관계가 있다는 것이다. 어떤 사건이든 저 혼자 고립되어 일어나는 게 아니라 다른 사건을 원인으로 한다는 뜻이다. 여기서 생각을 멈추지 않는다면, '그럼 원인이 되는 사건은 어떻게 일어났을까?' 하는 생각이 들 것이다. 그렇다. 어떤 사건의 원인은 그보다 앞서 일어난 다른 사건의 결과일 수 있고, 한 사건의 결과는 또 다른 사건을 일으키는 원인이라는 생각이 가능하다. 모든 사건에 원인과 결과의 관계가 있다니, 그럴 수밖에 없는 거다. 이 결론에 동의한다면 어떤 사건을 다른 사건과의 연관 속에서 이해해야 한다는 주장에도 동의할 수 있을 것이다.

어떤 사건을 보고 그것이 일어나게 된 원인을 분석하는 것을 인과추론因果推論이라고 한다. 서로 다른 사건들을 분석하여 원인과 결과의 관계를 이치에 맞게 추리하는 것이다. 앞에서 A가 따돌림을 감수해야 하는지 물었다. 질문을 바꿔 보자. A를 괴롭히는 사람들 역시 인과추론을 했고, 피해 당사자가 원인 제공을 했다는 이유로 자신들의 행동을 정당화하고 있다. 그들의 추리에 동의하는가?

세상을 보는 눈, 인과론

세상에는 수많은 일이 일어난다. 달이 해를 가리기도 하고, 전쟁과 테러도 일어난다. 대통령이 탄핵당하기도 하고, 새로운 바이러스가 발견되고, 어떤 연인의 '1일'이 시작되는가 하면, 누군가가 일자리를 잃기도 한다. 세상은 사건으로 가득 차 있다. 그것들은 모두 다른 사건들과 관계 속에서 일어났으며, 다른 사건들에 영향을 준다. 지구에 생명체가 등장한 건 우주 전체를 흔들 만한 대사건이다. 그런 일이 수많은 별 중 지구라는 행성에서 일어난 건 생명체 등장이 가능한 조건을 만드는 수많은 사건이 수십억 년에 걸쳐 있었기 때문이다.

지구 생태계의 진화라는 연속적인 사건 속에 등장한 인간은 독특한 존재다. 생태계에 커다란 영향을 끼치는 사건들을 광범위하게 일으킨다는 점에서도 그렇지만, 특별한 지적 능력과 성향을 지닌 존재라는 점에서 특히 그렇다. 인간은 자신의 주위에서 일어나는 수많은 사건을 이해하고 설명하려 애쓰는 특별한 종이다. 그런 노력이 있어 철학을 비롯한 다양한 학문이 성립하고 발전한 것이다. 그러한 특성을 가진 인간이 자신의 주위에서 일어나는 사건들을 이해하고 설명하는 방식의 하나가 인과론이다.

인과론은 세상의 수많은 사건이 맺는 관계를 원인과 결과의 관계로 설명하는 관점이다. 인과관계 분석으로 세상을 이해하고 설명하는 사유 방식이다. 인과론은 여러 사건이 일어나는 각각의 원인을 밝힘으로써 어떤 조건이나 이유에서 어떤 사건이 일어나는지를 설명한다. 왜 그럴까? 그런 설명이 올바르게 이루어지면 현재의 문제를 해결하고, 미래를 예측하는 데 큰 도움이 되기 때문이다. 과거의 역사를 설명하는 것 역시 마찬가지다.

의사나 과학자가 사람에게 병을 일으키는 원인을 찾아 수많은 생명을 구하는 것이나, 교육이나 가난 등 다양한 사회문제의 원인을 찾아 적절한 정책을 세우는 것 역시 인과론이 적용된 사례다. 개인의 일상에서도 인과론 사유는 나타난다. 밤에 잠이 안 올 때나, 주식과 집값이 오르내릴 때도 우리는 왜 그런지 원인을 찾는다. 개인이든 사회든 현재 겪는 문제들은 그 이전의 어떤 원인에서 비롯된 것이기에 그 원인이 된 문제를 해결하면 현재의 문제도 해결할 수 있기 때문이다

"콩 심은 데 콩 나고, 팥 심은 데 팥 난다." 여기에도 인과론 사유가 있다. 콩이라는 결과를 얻으려면 콩을 심는 원인 행동을 해야 한다는 것이다. 팥이나 콩이라는 결과를 얻으려면 무엇을 해야 하는지는 아주 간단하고 분명한 농사 지식이다. 인과론으로 우리는 어떤 원인에서 어떤 결과를 얻는지 지식을 쌓을 수 있다. 인류가 가진 다양한 지식은 이런 과정을 거쳐 축적된 것이다. 인과론의 사유로 쌓은 지식은 우리가 미래에 어떤 결과를 얻으려면 현재에 어떤 원인 행동을 해야 하는지를 가르쳐준다.

사회 양극화가 줄어든 미래의 결과를 얻으려고 고소득층이 더 많은 세금을 내게 하거나, 지구온난화를 줄이려고 탄소배출을 억제하는 정책을 펴는 것은 사회 양극화나 지구온난화의 인과론 지식이 있기 때문이다. 또 체중 감량과 근육 강화라는 미래의 결과를 얻으려면 무엇을 해야 할지 아는 것도, 2035년 9월 2일 한반도에서 일식을 볼 수 있다는 우주 현상 예측도 인과론 지식의 덕이다.[15]

인과론 사유는 과학은 물론 사회, 경제 등 다양한 분야의

현상을 설명하고 그렇게 쌓은 지식으로 인류의 삶을 개선해왔다. 앞으로도 인과론 사유는 우리가 사는 세계의 현상을 이해하고, 인류의 삶을 발전시키는 데 이바지할 것이다. 그러나 인과론 사유가 이를 자동으로 보장하지는 않는다. 인과추론으로 얻은 판단이 언제나 옳지는 않기 때문이다.

과거에는 오랫동안 비가 오지 않아 가뭄이 들면 왕이 나서서 기우제를 올렸다고 한다. 병이 나면 굿도 했다. 가끔 비가 내리기도 하고 어쩌다 병이 낫기도 했지만, 그것이 기우제나 굿 때문이 아님을 지금은 대부분 알고 있다. 자연현상을 하늘의 분노로, 몸에 병이 생기는 원인을 귀신의 장난으로 설명하는 것 역시 인과론 사유다. 각 사건의 관계를 정확한 지식을 바탕으로 분석하지 않으면 인과론 사유는 비과학적인 방향으로, 우리가 기대하지 않는 방향으로 우리를 이끌고, 누군가의 주장을 제대로 평가하지 못하게 할 수도 있다. 그러니 인과론에 근거한 진술이라고 해서 그대로 올바른 주장으로 받아들여서는 안 되는 것이다.

피자를 먹으면 암에 걸리지 않는다?

예전에 영국의 BBC 방송에서 이런 보도를 한 적이 있다. 규칙적으로 피자를 먹으면 암을 줄일 수 있다고. 이탈리아 어느 제약연구소에서 암 환자 3천3백 명과 암에 걸리지 않은 사람 5천 명을 비교하여 조사했더니, 일주일에 한 번 이상 피자를 먹은 사람들에게서 암 발병이 적게 나타났다고 발표한 것이다.[16] 지금 당장 피자 한 판을 주문해야 할 이유가 생겼다고 좋아할 수도 있지만 과연 그럴까?

이 발표는 피자를 규칙적으로 먹으면 암 발생을 줄인다는데, 이는 우리가 평소 알던 지식과는 거리가 있다. 피자는 비만을 일으키고 비만은 암 발생 가능성을 높인다고 알려져 있지 않은가. 발표대로라면 피자를 먹는 것과 암 예방이 인과관계에 있다고 생각하게 한다.

원인 피자를 규칙적으로 먹는다.
결과 암 발생 가능성이 낮아진다.

정말 두 사건이 인과관계에 있다면 병원 주변에는 약국보다 피자가게가 더 많이 생길 수도 있다. 하지만 저 발표 그대로 피자 섭취와 암 예방을 인과관계로 보기는 어렵다. 우리가 흔히 접하는 피자처럼 치즈나 고기 토핑이 많지 않고 도우도 얇은 이탈리아 피자라고 해도 마찬가지다. 암에 걸리지 않은 사람 중에 피자를 즐겨 먹은 사람이 많았다는 조사 결과를 못 믿어서가 아니다. 암 발생이나 예방에 영향을 주는 직접적인 실제의 원인이 무엇이고, 그것이 피자 식재료의 성분과 어떤 관계가 있는지 밝히지 않았기 때문이다.

암의 발생에는 평소 어떤 음식을 즐겨 먹는지만이 아니라 생활 태도나 운동을 규칙적으로 하는지 등도 영향을 준다. 환경도 빼놓을 수 없다. 그런데 저 발표는 그중 한 가지 영향 요인인 식습관, 그것도 그 일부만을 갖고 암 예방을 말하고 있다. 암에 걸리지 않은 5천 명은 피자를 즐겨 먹으면서도 평소 운동을 열심히 하는 사람들이거나, 일과 휴식에 균형 잡힌 생활을 하는 사람들 또는 피자 외 암 발생을 억제하는 음식을 많이 먹는 사람들일 수도 있다. 암에 걸린 사람들도 마찬가지다. 피자를 규칙적으로 먹지 않은 것 외에 암 발생과 관련된 다른 정보를 함께 보아야 한다.

암 예방과 피자 먹기에 인과관계를 단정할 수 없는데 BBC는 왜 저런 보도를 했을까? 피자 업계의 의뢰를 받은 간접 광고이거나 가짜 뉴스일까? 그러나 BBC도 할 말은 있다. 인과관계로 확정해 말하지는 않았다고. 실제로 이런 말을 한 건 아니지만, 가능한 변명이다. 그들은 암 예방과 피자 먹기의 연관성을 말했을 뿐이다.

"까마귀 날자 배 떨어진다." 이 속담에도 두 개의 사건이 있다. 배나무에 앉은 까마귀가 날아올랐고, 그 나무에서 배가 땅으로 떨어졌다. 두 사건을 인과관계로 볼 수 있을까? 인과관계로 본다면 배가 떨어진 건 까마귀가 날아올랐기 때문이다. 시간으로 보면 까마귀가 날아오른 사건이 먼저 일어났고 그다음에 배가 떨어졌으니 그렇게 생각할 수 있다. 하지만 이 속담은 우연을 말하고 있다. 서로 관련이 없는 두 사건이 공교롭게도 거의 동시에 일어나 서로 연결된 것처럼 보이는 상황을 비유했다.

인과관계를 오해하는 사례 중 하나는 연달아 일어난 두 사건을 원인과 결과의 관계로 단정하기 때문이다. 앞에서 보았듯이 인과론은 어떤 시점에서의 사건과 그보다 앞서 일어난 사건을 원인과 결과의 관계로 연결하는 사유 방식이다. 그러나 두 사건이 앞과 뒤, 즉 선후관계先後關係에 있다고 해서 두 사건을 인과관계라고 단정할 수는 없다. 원인이 되는 사건은 결과에 앞서 일어나지만, 결과에 앞서 일어난 사건이라고 해서 그것만으로 원인이라고 단정할 수 없다.

속담에서 까마귀가 날아오른 건 배가 떨어지는 사건에 앞서 일어났지만, 그 때문에 배가 떨어졌는지는 확실하지 않다. 나뭇가지를 차고 오르는 까마귀의 힘 때문에 나무가 흔들리면서 멀쩡히 달려 있던 배 꼭지가 떨어졌다면 두 사건은 인과관계로 볼 수 있다. 그러나 어떤 이유로 꼭지가 부실한 상태에서 배의 무게 때문에 떨어진 거라면 배 떨어트린 범인으로 까마귀를 몰아세울 수는 없다. 우연히도, 배가 떨어지기 직전에 까마귀가 날아오른 것이라면 까마귀로서는 꽤 억울한 일이 아닌가. 물론 무엇이 맞는지는 조사를 해봐야 한다.

앞에서 본 피자와 암 예방을 인과관계로 오해하게 되는 것도 두 사건의 연관성 때문이다. 피자를 즐겨 먹는 사람일수록 암이 발견되지 않는다는 것은 두 사건 사이에 어떤 연관성이 있다는 추론을 가능하게 한다. 이를 상관관계相關關係라고 한다. 서로 다른 사물이나 사건에 관련이 되는 특성이 있다는 의미다.

앞에서 본 공익 제보자 A를 따돌린 직원들의 사고도 인과관계를 오해한 사례일 수 있다. 사법기관의 조사를 받고 회사가 어려워진 건 비리를 저질러 불법적 이익을 챙긴 행위가 적발됐기 때문이다. 적발의 계기가 내부고발에 있을지라도 경제적 이익이 사라지고 처벌을 받게 된 결과를 낳은 원인은 자신들의 범죄 혹은 이를 방조한 행위에 있다. 따돌림 등 A가 받는 고통의 원인은 그의 행동이나 처신이 아니라 가해자의 부당한 행동에 있는 것이다.

세상에는 인과관계가 분명하게 보이는 사건이 있는가 하면 여러 사건이 복잡하게 얽혀서 인과추론이 어려운 사건도 있다. 이런 경우가 더 많다고 봐야 한다. 복잡한 현상은 물론 얼핏 단순하게 보이는 사건조차도 인과관계를 분석할 때는 신중하고 진지한, 심사숙고가 필요하다. 선후관계나 상관관계에 있다고 해서 이것만으로 인과관계를 단정해서는 안 된다. 인과관계를 근거로 한 주장도 마찬가지다. 얼핏 논리적으로 보일지라도 인과추론이 올바르게 이루어진 것인지는 비판적으로 살펴봐야 한다.

반면에 인과관계가 확인되지 않는다고 두 사건 간에 연관성을 함부로 부정해서는 안 된다. 별개의 사건들이 반복적으로 함께 일어난다면 거기에는 서로 연결되는 어떤 특성이 있는 것이다. 그것이 무엇인지 규명이 필요한데, 때로는 현재의 지식으로 확인이 어려운 인과성이 숨어 있을 수도 있다.

공룡 멸종에 100가지 원인이?

　멸종된 동물 중 가장 인기 있는 건 공룡(통속적 의미)일 것이다. 거대하고 특이한 신체가 호기심을 자극하기도 하지만, 코리아노사우르스, 해남이크누스처럼 한두 개쯤 알고 있으면 유식해 보이는 독특한 이름 때문이 아닌가 한다. 그런 공룡을 우리는 화석이나 유골로만 연구할 수 있기에 실제로는 아는 지식이 별로 없다. 그중에서도 아직 명확히 해결되지 않는 물음은 지구를 지배했다던 거대한 생명체가 갑자기, 왜 멸종되었는가 하는 점이다. 그 원인에 무려 100가지 설이 있다는데,[17] 그중 가장 유명한 이론이 '운석 충돌설'이다. 공룡이 살던 백악기 말(약

6,600만 년 전) 거대한 운석(소행성 혹은 혜성일 수도)이 지구에 충돌해서 공룡들이 사라졌다는 것이다.

정말 공룡 멸종은 운석 충돌 때문일까? 이를 확인하려면 먼저 대규모의 멸종을 일으킬 만한 운석 충돌이 있었는지를 봐야 한다. 운석 충돌이 없었다면 주장이 성립할 수 없으니까. 백악기 말의 지층을 조사하면 이리듐Iridium이라는 원소가 다른 시기의 지층에 비해 매우 많이 나온다고 한다. 지구에서는 매우 희귀한, 원자번호 77번의 이 원소가 백악기 지층에서 많이 검출되는 이유를 학자들은 지구 밖에서 날아온 운석의 흔적으로 본다. 그래서 지름 10여 킬로미터에 이르는 운석이 지구에 충돌했다는 건 과학적 사실로 인정된다. 그럼, 이것으로 운석 충돌이 공룡 멸종의 원인이라고 선언해도 될까?

그런 결론은 성급하다. 공룡이 사라지던 때 지층에서 외계의 원소가 많이 검출되는 것은 지구에 운석이 충돌했다는 증거일 수는 있다. 이는 운석 충돌설의 전제를 입증하는 것일 뿐, 그것만으로 공룡이 멸종했다는 주장이 입증되지는 않는다. 백악기 말, 같은 시기에 운석 충돌과 공룡 멸종이 일어났다는 건 두 사건 사이에 어떤 연관성이 있다는 추론을 가능하게 하지만 이는 두 사건의 상관관계를 보여 줄 뿐이다. 그래서 운석 충돌설을 주장하는 사람들은 이 상관성에 기초해 공룡 멸종의 원인을 추정한다.

운석 충돌은 어떻게 1억 년 넘게 번성해온 공룡을 멸종에 이르게 했을까? 운석이 떨어지는 곳 근처에 있던 공룡들은 거대한 우주쇼를 보았겠지만, 충돌 충격과 화염으로 순식간에 죽음을 맞았다. 운석 충돌지에서 멀리 떨어져 있던 공룡들도 운이 좋지는 않았다. 충돌 충격에서는 살아남았어도 거대한 해일에 휩쓸리거나 그 후에 닥친 어둠과 추위, 배고픔 때문에 그들 역시 서서히 죽어갔다. 지구 표면에 충돌한 운석은 거대한 먼지구름을 일으켰고, 하늘을 덮은 먼지가 오랫동안 태양을 가려 기후 변화를 일으켰다. 식물들이 죽어가고 먹이를 잃은 초식 공룡이, 이들을 먹이로 하는 육식 공룡이 쓰러져 갔다. 운석 충돌설이 추정하는 공룡 멸종의 과정이다.

운석 충돌이 공룡 멸종의 원인이라고 해도 그 말은 수많은 공룡이 떨어지는 운석에 직접적인 타격을 받아 사라졌다는 의미는 아니다. 지표에 충돌하는 운석이 일련의 다른 사건들을 일으켰고, 그 각각의 사건들이 원인이 되면서 공룡들은 하나둘 죽어간 것이다. 운석 충돌설은 최후의 공룡이 사라지기까지 일어날 수 있는 사건들을 하나로 묶어 제시한 것이다. 운석 충돌이 최초의 원인 사건이었기에 그렇게 부르는 것일 뿐이다.

앞에서 공룡 멸종을 설명하는 이론이 100가지나 있다고 했다. 그중 화산 폭발설은 운석 충돌설만큼이나 지지자가 많은 이론이다. 그 시기에 대규모의 화산 폭발이 있었다는 지질학적 증거도 있다. 그럼 공룡 멸종은 운석 충돌이 아니라 화산 폭발 때문일까? 많은 학자에게서 두 이론은 경쟁하거나 대립하지 않는다. 두 이론 모두 공룡 멸종이라는 지구 생태계의 역사적 사건을 설명하는 도구로 쓰이고 있다. 공룡 멸종을 어느 한 가지가 아니라 여러 가지 원인이 얽힌 복합적인 사건으로 보는 것이다. 두 이론만이 아니라 나머지 다른 이론들도 한 무리 혹은 한 종류의 공룡이 사라지게 된 원인을 설명하는 데 적절한 도구가 될 수 있다. 증가하는 포유류들이 공룡 알을 먹어치웠다든가, 초식 공룡들이 뀌어대는 방귀에 질식했다든가….

　이렇듯 하나의 사건에는 원인이 있지만, 그 원인이 언제나 하나인 것은 아니다. 한 가지일 수도 있고 둘 이상일 수도 있다. 지각했다든가, 뱃살이 올랐다든가 같은 단순한 사건은 한두 가지의 원인으로 설명될 수 있다. 아침에 늦잠을 잤거나 도로 정체가 심했거나, 야식을 많이 먹었거나 운동을 안 했다든지 하는 식으로 말이다. 하지만 생물 종의 멸종 같은 거대하고 복잡한 사건일수록 수많은 원인이 서로 얽혀 있는 것으로 생각해야 한다. 한겨울에 시민들이 촛불시위를 한다든가, 저출생低出生이 계속된다든가 하는 사회현상도 마찬가지다. 이런 사건을 설명하면서 어느 한 가지 원인에만 주목하거나 강조한다면 그것은 올바른 설명이라고 할 수 없다. 따라서 어떤 일의 인과설

명을 하는 경우 그 관계가 적절한지와 함께 원인 설명이 지나치
게 단순화되지 않았는지 역시 비판적으로 보아야 한다.

숨어 있는 원인을 찾아라

2017년 공장에서 현장실습을 하던 한 고등학생이 사고를 당해 목숨을 잃은 일이 있었다. 그의 죽음에 우리 사회가 모두 슬퍼했다. 또래 학생들은 피켓을 들고 항의 시위도 했다. 왜 그랬을까? 열여덟 번째 생일을 앞둔 그의 죽음이 안타까운 일이기는 하나 한 개인의 죽음을 두고 사회나 정부를 향해 시위하는 게 적절한 행동일까?

사고 직후 해당 기업에서는 본인의 실수로 사고가 일어난 것이라고 했다. 사고의 원인이 당사자의 부주의 때문이라고 했다.[18] 이 주장대로라면 학생들이 '우리도 죽을 수 있다'라며 시위를 한 건 적절하지 못한 행동이다. 개인이 조심해서 안전하게 일을 한다면 사고는 일어나지 않을 테니까. 학생들은 항의 시위가 아니라 더 조심하자고 결의해야 했다. 그러나 기업의 주장대로 사고 원인을 오롯이 피해자 개인에게 돌리는 것이 올바를까?

위험한 기계가 작동하는 작업장에서 최대한의 주의를 기울여 조심해야겠지만, 개인의 조심성만으로 사고를 막을 수는 없다. 사고가 일어나지 않도록 안전장치를 하고 안전관리자를 배치하는 등 충분히 방비해야 한다. 하지만 사고가 난 기업은 실습 교육을 받는 학생을 혼자 일하게 했다. 일을 지도하거나 안전을 관리하는 사람도 없었다. 실습 시간을 넘기는 장시간 노동까지 시켰다. 이런 조건에서 개인의 조심성이 얼마나 유지될 수 있을까? 개인이 조심했다면 정말 사고는 안 일어났을까?

피해자가 조심하지 않았다 해도 조심하기 어려운 조건이었다면, 조심하더라도 사고가 날 구조적인 문제가 있다면 사고의 책임을 피해자에게 돌리는 것은 부당하다. 그럼에도 기업은 사고의 원인을 피해자의 잘못으로 돌렸다. 사고 원인이 피해자 개인에게 있을수록 기업의 책임은 그만큼 줄어 사회적 비난이나 배상의 부담을 덜어낼 수 있다. 그래서 이해관계가 대립하는 상황에서 나오는 주장들에는 더욱 비판적인 사고가 필요하다. 손실을 피하거나 이익을 얻으려고 인과관계를 왜곡하는 경우가 많기 때문이다.

인과관계를 설명하는 것은 과학적인 분석 작업이면서 때로는 이해관계가 대립하는 문제이기도 하다. 원인이 무엇이냐, 누구에게 있느냐에 따라 그에 따른 책임의 소재나 크기가 달라지기 때문이다. 그래서 인과관계를 규명하는 과정에는 논란과 갈등이 많이 일어난다. 사건들의 관계를 은폐하고 왜곡하여 정확한 원인 파악을 방해하는 일도 종종 일어난다. 물론 이것이 인과관계 규명을 포기해야 하는 이유가 되지는 못한다. 더욱 신중히 분석해야 함을 강조하는 근거가 될 뿐이다.

앞에서 어떤 사건의 원인을 구성하는 사건이 다수일 수 있다고 했는데, 인과관계를 분석할 때에는 이 사건들의 관계를 잘 살펴야 한다. 위의 사고에서 기업은 사고가 어떻게 일어났는지만을 강조한다. 사고가 발생한 순간의 직접적인 원인만을 보는 것이다. 반면에 항의 시위를 한 학생들은 간접적인 원인에 더 주목한다. 실습 교육을 받는 학생이 위험한 작업을 혼자 수행하도록 방치한 문제, 현장실습을 명분으로 학생들을 저임금의 부리기 쉬운 노동자로 취급하는 직업훈련제도의 문제를 따지는 것이다. 기업이 사고의 원인을 개인 문제로 보았다면, 학생들은 기업의 노동조건과 사회의 구조 문제까지 보았다.

어떤 사건이 일어나도록 하는 직접적이고 일차적인 사건이 직접 원인이라면, 그 사건이 일어나게 하는 그 외의 사건을 간접 원인이라고 한다. 위의 사례에서는 그런 사고가 일어날 수 있는 조건이나 상황 등이 이에 해당한다. 위험한 작업을 어린 학생 혼자서 하게 하는 노동 현장과 이를 허용하는 사회제도는 비록 사고의 직접 원인은 아니라 해도, 개인의 실수와 미숙함이 사고로 이어질 가능성을 높이는 간접 원인이 된다.

정규직과 비정규직으로 일자리가 분열된 사회에서는 안정된 직장을 구하려는 경쟁이 치열하다. 경쟁이 심하면 그 조건에서 더욱 노력하는 게 개인이 갖춰야 할 덕목이다. 수십, 수백 대 일의 경쟁을 뚫고 많은 사람이 선망하는 직장의 정규직이 되는 건 칭찬받을 만한 일이다. 그렇다고 대기업이나 공기업의 정규직이 되지 못한 사람들, 비자발적 비정규직으로 일하는 사람들을 '루저'로 조롱하는 경향도 인정해야 할까? 적자생존 사회에서 남보다 더 노력하지 않은 것이라며 그 책임은 오롯이 개인에게 지우는 게 맞을까?

누가 정규직이 되고 비정규직이 되는가, 이는 어느 소설가도 얘기한 '의자 뺏기 놀이'와 같다. 인원수보다 적은 의자를 놓고 서로 차지하려고 다투는 게임으로 어떤 경우든 의자 없는 사람은 나오게 되어 있다. 정규직 비정규직 구분은 사회 구성원들에게 강제된 잔혹 게임이다. 절반은 반드시 비정규직이 되어야 한다. 어떤 조건에서든 최선이라는 개인적 미덕만 강조하며 경쟁에서 성과만을 따지고 그 경쟁이 적절한가를 검토하지 않는 건 합리적 사고라 할 수 없다. 사회적 문제는 외면하고 노력의 정도만으로 개인의 삶을 평가하는 건, 구조적 원인은 무시하고 현상에만 매달리는 태도다.

대체로 직접 원인은 비교적 겉으로 잘 드러나는 편이지만, 간접 원인은 숨어 있는 경우가 많다. 그래서 표면적으로 드러나는 직접 원인만 보고 인과 판단을 하기가 쉽다. 그러나 눈에 보이는 직접 원인에만 매달리게 되면 올바른 인과추론이라 할 수 없다. 인과 판단이 잘못되면 원인 규명이 정확하지 않고, 문제를 제대로 해결하지 못해 같은 일이 반복될 수도 있다.

감기에 걸리는 인과관계

환절기에는 감기에 많이 걸린다. 감기의 원인이 바이러스라는 건 널리 알려진 사실이다. 그래서 대증요법對症療法이 있을 뿐 마땅한 치료법이 없는 감기는 이 바이러스와 만나지 않는 게 상책이다. 바이러스 보균자와 접촉하지 않는 게 그것이다. 그런데 감기 환자를 함께 만났어도 어떤 사람은 감기에 걸리고, 어떤 사람은 멀쩡하다. 왜 그럴까? 바이러스가 몸에 들어왔다 해도 몸의 면역기능이 제대로 작동하면 우리는 감기에 걸리지 않는다. 면역력의 차이 때문에 나타나는 현상이다.

이 현상을 인과론으로 설명해보자. 우리 몸의 관점에서 보면 바이러스는 외부에서 침투해 감기라는 사건을 일으키는 원인이다. 이를 외적 원인이라고 한다. 그러면 감기 바이러스에 대항하는 우리 몸의 면역기능은 내적 원인이 된다. 우리 몸을 포함해 주위의 사건들은 이렇게 외적 원인과 내적 원인이 결합되어 일어난다. 감기 발병은 바이러스라는 외적 원인과 면역기능이라는 내적 원인이 결합한 사건인 셈이다. 바이러스에 감염되지 않았다면 감기에 걸리지 않겠지만, 감염되더라도 면역기능이 튼튼하다면 바이러스를 이겨냈을 것이다.

사건의 성격을 올바르게 파악하려면 내적 원인과 외적 원인의 관계를 잘 보아야 한다. 감기에 자주 걸린다면 바이러스와 접촉이 많다는 것이지만, 몸의 면역기능이 약하다는 의미이기도 하다. 이때 감기 환자를 멀리하는 것만으로는 감기를 피하기 어렵다. 외적 원인만이 아니라 내적 원인도 살필 때 감기에 적절한 대응이 가능하다. 내적 원인과 외적 원인의 관계는 주체를 무엇으로 보느냐에 따라 달라진다. 바이러스 처지에서 본다면 인체의 면역기능은 외적 원인이고, 인체에 침투해서 증식하는 자신의 능력이 내적 원인이 된다. 이런 분석은 질병만이 아니라 자연과 사회현상에도 적용할 수 있다.

1592년에 일어난 임진왜란은 일본이 조선을 침략하면서 일어난 전쟁이다. 조선과 일본 사이의 전쟁이면서 명나라까지 참전한 국제 전쟁으로 '7년 전쟁'이라고도 한다. 전쟁의 직접 원인은 일본의 조선 침략이다. 중국과 조선을 정복하겠다는 일본 권력자의 야욕 때문이라고 한다. 또 전국을 통일하면서 쌓인 제후들의 강한 군사력을 해외로 돌림으로써 권력 기반을 안정적으로 다지려고 했단다. 집권자의 야욕 때문이든 내부의 정치 상황에 따른 것이든 다른 나라를 침략했다는 사실에는 변함이 없다. 현대에서의 일이라면 전범재판에 넘겨져 처벌받을 중대한 범죄다.

그럼 간접 원인은? 학자들은 그 한 가지를 당시에 형성된 동아시아 국제질서에서 찾는다. 전국시대를 거치며 성장한 일본과 달리 중국과 조선은 쇠락해서 나라 간 힘의 균형이 깨져서 전쟁이 일어났다는 것이다. 왜구들의 일시적인 약탈을 넘어 전면적인 정복 전쟁을 시도할 만큼 강성해진 일본과 달리 명나라와 조선은 내부의 혼란으로 국력이 쇠약해졌기에 일본의 침략을 허용했다는 것이다. 힘의 균형이 깨졌다고 해서 반드시 전쟁이 일어나지는 않겠지만, 침략 의도를 가진 나라가 전쟁을 결행할 가능성을 높일 것이다. 임진왜란의 원인을 조선에서도 찾는 게 이상한가? 조선은 침략을 당한, 억울한 피해국인데.

질문을 바꿔 보자. 이 전쟁이 7년 동안 이어지게 된 원인은 무엇일까? 물론 이 역시 일본 침략이다. 일본은 다른 나라의 국민을 고통에 빠트리고 자국민도 희생시키면서까지 침략 전쟁을 이어갔다. 그러나 전쟁은 일본 혼자 하는 게 아니다. 조선이 일찌감치 항복했다면 전쟁은 금방 끝났을 것이다. 하지만 조선은 끈질기게 저항했고 그래서 나라를 지켰다. 전쟁 진행 과정에서 조선의 역할이 있는 것이다. 조선의 역할은 이렇게도 볼수 있다. 조선이 나라의 방비를 튼튼하게 해서 침략을 허용하지 않았다면 어떻게 됐을까? 침공을 사전에 막지 못했더라도 일본군을 초기에 물리쳤다면 전쟁 기간을 줄여 나라가 피폐해지는 건 피할 수 있었다. 불행히도 조선 정부는 전쟁을 막거나 단기간에 침략을 물리치는 효과적인 대비를 하지 못했다. 이를 내적 원인과 외적 원인으로 나눠 보자. 조선을 중심으로 보면 일본의 침략은 외적 원인이다. 조선 외부에서 작용한 원인이다. 외국의 침략을 효과적으로 막지 못한 조선의 상태는 내적 원인에 해당한다.

물론 전쟁의 책임을 조선에 돌릴 수는 없다. 조선이 어떻게 대처했는지에 상관없이 전쟁 발발의 원인, 즉 책임은 일본의 침략에 있다. 조선의 부실한 대비가 전쟁 장기화와 피해 확대라는 결과에 영향을 주었다고 해서 침략 전쟁을 일으킨 일본의 책임이 면제되거나 줄지는 않는다. 단지 일본을 침략자로 비난하는 것만으로는 임진왜란이란 역사적 사건의 성격과 과정, 의미를 제대로 알기 어렵다는 것이다. 유성룡이 《징비록》을 쓴 이유도 그 점을 생각했기 때문은 아닐까?

이렇듯 어떤 일의 인과관계를 분석하는 것은 때로 매우 복잡하고 어려운 작업이다. 다양한 사건들이 중첩된 경우가 많아 여러 가지 요인이 얽혀 있고, 대립하는 이해관계와 연결된 경우는 정확한 분석을 하기가 더욱 어렵다. 여러 요인 중에 어느 한 가지만을 원인으로 지목하고 다른 요인을 분석에서 제외하면 사건의 실체를 올바로 파악할 수 없게 된다. 그럼에도 우리가 접하는 수많은 주장에는 인과분석의 복잡한 측면을 외면하고 눈에 띄는 한 측면만을 부각해 그럴듯한 논리를 펴는 경우가 많다. 그래서 인과론에 의지하는 주장은 그것이 올바른 인과추론에 근거한 것인지를 주의 깊게 살펴야 한다.

태풍은 나비의 날갯짓 때문

중국 북경의 어느 숲에서 나비 한 마리가 날개를 팔락인다. 작고 느릿한 날갯짓에 부드러운 바람조차 일지 않는다. 하지만 그로부터 얼마 후 미국 뉴욕에 폭풍이 몰아친다. 멀리 떨어진 작은 나비의 날갯짓이 거센 폭풍이 되어 나타난 것이다. 자연 현상은 물론 경제 등 사회현상을 설명하는 데 쓰이는 나비효과 이야기다. 어떻게 나비의 날갯짓이라는 극히 작은 사건이 거대한 폭풍의 원인이 되었을까?

나비의 날갯짓이 옆의 나뭇잎에 있던 벌레를 떨어트렸다. 나뭇잎에서 밀려난 벌레는 그 아래 있던 원숭이 몸에 떨어졌고, 꼼지락거리는 벌레 때문에 가려움증을 느낀 원숭이가 몸을 긁다가 옆에 두었던 열매를 떨어트렸다. 땅에 떨어지면서 열매는 작은 돌멩이를 구르게 했고, 작은 돌멩이는 큰 돌멩이를, 큰 돌멩이는 바위를 구르게 했으며, 바위는 산사태를 일으켰다. 산사태는 계곡의 물 흐름을 바꿔 물은 바다로 밀려갔고, 바닷속에 있던 화산구를 건드려 급기야는 화산 폭발을 일으켰다. 화산재가 날리면서 하늘을 덮었고, 이 때문에 기압 차이가 생기면서 폭풍이 되었다.

나비효과는 최초의 작은 차이나 변화가 엄청난 결과를 일으킬 수 있음을 지적하는 말이다. 나비가 날갯짓할 때마다 이런 결과로 이어진다는 뜻은 결코 아니다. 이를 인과관계로 설명하는 건 초기 조건의 민감성을 강조하는 비유일 뿐이다. 여기서 우리가 주목할 건 각 사건이 서로 연결되어 있다는 점이다.

나비 날갯짓 → 벌레 → 원숭이 → 열매 → 돌멩이 →
바위 → 산사태 → 화산 폭발 → 기후변화 → 폭풍

벌레가 나무에서 떨어진 것은 나비의 날갯짓을 원인으로 한 결과지만, 원숭이가 몸을 긁게 만든 원인이기도 하다. 앞선 원인 사건들은 돌멩이를 굴려 산사태의 원인이 되고, 산사태 역시 앞선 사건의 결과이면서 뒤따르는 사건의 원인이 된다. 나비효과는 최초의 사건에서 연쇄적으로 일어나는 사건들의 인과관계를 보여 주는 것이라고 할 수 있다. 시간의 흐름과 함께 하나의 사건은 다른 사건을 일으키고, 다른 사건은 또 다른 사건의 원인이 되어 끝없이 이어진다.

나비의 날갯짓에서 폭풍을 볼 수는 없다. 폭풍의 배후에 나비의 날갯짓이 있다고 생각하기도 어렵다. 그렇다고 둘 사이에 아무런 관계가 없는 것도 아니다. 나비의 날갯짓을 시작으로 하는 사건들의 연쇄 속에서 폭풍이 몰아친다고 할 때, 이 사건들은 서로 '유기적 인과관계'에 있다고 한다.[19] 각각의 사건들이 폭풍이라는 결과에 이르는 과정에서 부분이 되어 밀접하게 서로 연결되어 있다는 것이다. '공을 찼다 → 공이 날아갔다'처럼 사건의 원인과 결과가 단순하고 선명하게 드러나는 '직접적 인과관계'에 대비되는 말이다. 날아간 공이 일으키는 또 다른 사건들까지 생각하도록 말이다. 어느 집 유리창을 깨트렸고, 그 바람에 낮잠 자던 고양이를 놀라게 했고, 놀란 고양이가 베고 자던 '집사'의 다리를 할퀴었고….

빙하에서 떨어져 나간 얼음덩어리 위에서 오도 가도 못 하게 된 북극곰 영상을 본 적이 있는가? 그곳에서 탈출하지 못한다면 곰은 굶어 죽게 될 것이다. 이 영상은 생존 위험에 처한 북극곰들의 처지를 상징적으로 보여 주는데, 이 사건의 직접 원인은 극지방의 얼음이 녹기 때문이다. 빙하가 녹는다는 것만 보고 인과분석을 멈추면 북극곰의 불행은 그저 따뜻해진 날씨 탓으로 돌리게 된다. 직접적 인과관계만을 보는 경우 나타날 수 있는 한계다. 북극곰의 멸종을 바라지 않는다면 빙하를 녹게 하는 더 근본적 원인을 찾아야 한다.

무엇이 떠오르는가? 지구온난화. 그럼 지구온난화는 왜 일어날까? 이산화탄소(CO_2), 메탄(CH_4) 등 온실가스가 증가해 대기권에 쌓이면서 비닐하우스 안처럼 지구 온도를 올리기 때문이라고 한다. 온실가스는 왜 증가할까? 이산화탄소를 배출하는 석유와 석탄 등 화석연료 사용과 메탄가스를 내뿜는 가축 사육이 급격히 증가했기 때문이다. 현재 배출되는 온실가스의 80퍼센트나 되는 이산화탄소나 메탄도 모두 인간 활동에 따른 결과다. 자동차와 전기 사용, 과도한 육식 등이 북극곰의 위기를 부른 것이다. 메르스니 코로나19니 하는 전염병이 발발하는 것도 지구온난화와 무관하지 않다고 한다. 생태계 균형이 깨지고 동물과 인간의 접촉이 늘어나면서 동물에 있던 낯선 바이러스가 인간에게 전파되는 것이기에 온난화가 진행될수록 신종 바이러스에 따른 유행병은 늘어날 수밖에 없다고 한다.[20]

우리가 스마트폰 게임을 하며 고기 패티가 든 햄버거를 먹는 것과 얼음덩이 위에 고립된 북극곰, 코로나19 사이에는 직접적 인과관계가 없다. 그러나 각 사건의 고리를 논리적으로 연결해 가면 둘 사이에 유기적 인과관계가 있음을 알 수 있다. 이렇듯 유기적 인과관계는 직접적 인과관계처럼 쉽게 드러나지 않기 때문에 많은 정보와 학습을 통한 심사숙고가 있어야 밝힐 수 있다. 복잡하고 어려운 작업이지만, 자연과 사회, 우리가 사는 세계의 현상을 바르게 이해하려면 꼭 필요한 일이다. 비판적 사고를 한다는 건 겉으로 드러난 현상과 관계만 보지 않고, 그런 논리에 현혹되지 않으면서 주장의 맥락과 사건의 배후에 있는 현상과 관계를 세심히 살펴볼 줄 안다는 것을 뜻한다. 이런 사고는 우리가 사는 세상의 사건과 사물이 서로 영향을 주고받는 관계에 있기에 더욱 필요하다.

논증
은

논증이 필요하다

논증이란

어떤 주장을 하는 이유는 상대가 나의 생각을 받아들이고 그에 따라 행동하기를 바라기 때문이다. 상대가 나의 주장을 수용하도록 하는 데는 여러 가지의 방법이 있겠지만, 힘으로 강제하거나 위협으로 자신의 주장을 관철하려는 건 사고의 소통이 이루어지는 대화가 아니니 고려 대상이 아니다. 가장 권장되는 방법은 설득이다. 상대가 자유로운 의사에 따라 나의 주장을 인정하도록 하는 것이다. 주장에 설득력이 있으려면 어떻게 해야 할까? 아주 오래된 고민에 답한 사람 중 가장 널리 인용되는 이는 아리스토텔레스다.

그는 자신의 저서 《수사학》에서 다른 사람을 설득하는 데 필요한 요소를 에토스ethos, 파토스pathos, 로고스logos, 세 가지로 제시했다. 에토스는 듣는 사람에게 신뢰성을 주는 말하는 사람의 성품이나 인격 등을 말한다. 각종 광고에 연예인이 자주 등장하는 이유 중 하나는 방송에서 형성된 이미지가 대중에게 호감과 신뢰성을 주기 때문이다. 파토스는 듣는 사람의 감정을 자극하는 것을 의미한다. 듣는 사람에게 연민이나 동정, 두려움, 증오 등을 일으켜 주장을 받아들이도록 하는 것이다. "우리 지역만 차별받고 있다" "나라를 망치고 있다" 하는 것처럼 국적을 막론하고 정치인들의 연설에서 흔히 볼 수 있다. 아리스토텔레스는 고대 그리스의 소피스트들이 사실 증명은 소홀히 하고, 오로지 사람들의 감정만을 부추기는 연설을 장려한다고 비판했지만, 우리 정치사에서도 보듯 꽤 효과가 있는 설득 방법이다. 이에 반해 로고스는 주장이 논리적이어서 올바르다고 상대가 판단하도록 하는 걸 말한다. 이성적으로 생각할 때 말의 앞뒤가 분명하고 충분하고 적절한 논거를 갖춘 주장이어야 상대가 수긍할 수 있다고 한다.

아리스토텔레스는 이 세 가지 요소 중 에토스와 파토스가 로고스보다 큰 역할을 한다고 보았으나, 우리가 주목할 건 로고스다. 이 책은 비판적 사고를 강조하는 책이니까. 로고스를 중심으로 보았을 때 설득력이 있는 주장은 논증 구조를 잘 갖추고 있어야 한다. 논증이란 주장의 옳고 그름을 입증하는 것으로서, 논증 구조가 갖춰진다는 건 주장이 적절하고 타당한 논거로 뒷받침되고 있음을 말한다. 그럴 때 우리는 그 주장을 설득력 있다고 평가한다. 주장과 논거가 잘 연결되어야 설득력이 높아지는 것이다. 어떤 주장의 옳고 그름을 판단하려면 그 논거가 무엇인지를 보아야 하며, 주장의 설득력을 높이려면 그에 합당한 논거를 제시해야 한다.

> **갑** 코로나19는 타락한 백성과 시대에 대한 하나님의 징벌로 기도하고 회개해야 극복할 수 있다.
> **을** 코로나19는 비말로 전파되는 호흡기 질환으로 마스크를 쓰면 감염 위험은 전혀 없다.

전염병이 기도로 극복될 수 있다는 주장과 마스크를 쓰면 된다는 주장 모두 나름의 논거를 갖고 있다. 어떤 주장이 설득력 있다고 생각하는가? 전염병의 원인을 신이나 마귀로 설명하는 건 종교적 비유일 수는 있어도 병에 대한 대처 방법을 제시하는 주장으로 받아들이기는 어렵다. 논증 구조를 갖추고 있다고 해서 모든 주장이 설득력을 인정받는 것은 아니다. 논거에 오류가 없어야 하고 주장과의 연결에 논리적으로 문제가 없어야 한다. 제시된 논거가 사실인지 또 하나의 의견인지 구분은 당연하고, 그에 따라 참과 거짓이나 타당성 평가도 있어야 한다. 객관적 사실이 아니거나 타당성이 인정되지 않는 의견을 논거로 내세우는 경우가 많기 때문이다.

마스크를 쓰면 병을 예방할 수 있다는 을의 말은 과학적으로 파악된 전염 경로를 근거로 하기에 갑의 주장보다 설득력이 있다. 그렇다고 을의 주장이 전적으로 옳다고 할 수 있을까? 병을 일으키는 바이러스가 손을 통해서도 감염된다는 사실을 무시하고 마스크 쓰기만을 강조하고 있어 을의 주장에도 한계가 있다. 논증이란 어떤 사안을 주장의 논거로 제시해서 밝히는 표현 방식일 뿐이다. 이것이 잘 이루어지면 설득력이 있는 것이지 그 자체로 올바름이 확인되는 건 아니다. 논증 구조를 갖춘 주장이라고 해도 얼마든지 잘못된 결론을 담을 수 있다. 따라서 어떤 주장을 접하게 되면 논증 구조를 갖췄는지를 볼 뿐만 아니라, 그 논증 구조에 대해서도 비판적 사고는 필요하다. 또한 논거를 볼 때는 근거인지 이유인지를 구분할 필요가 있다.

화학무기 원료인 물질이 북한으로 들어갈 수 있어서
한국에 수출 규제조치를 취했다.

2019년, 일본 정부의 이른바 수출 규제조치 결정의 논거로 여기서 제시된 건 근거가 아니라 이유다. 어떤 물질이 북한으로 들어갈 가능성이 있다는 건 일본 정부의 판단일 뿐이다. 한국으로 수출된 물질이 북한으로 넘어간 사례나 그 가능성을 실증적 자료로 내놓을 때 근거가 제시되는 것이다. 이유가 주관적이라면 근거는 객관적이다. 이유는 어떤 주장을 하는 주체의 판단이나 의견을 제시하는 것인데 반해, 근거는 주장하는 사람의 주관 밖에서 가져온다.[21] 통계나 실제 사례 등이 이에 해당한다. 이유와 이를 뒷받침하는 근거가 있어야 설득력 있는 논증이 이루어진다. 이유만 있고 근거가 없기에 일본 정부의 주장은 그들의 의도와 상관없이 '보복'이라는 평가를 받는다. 주장의 옳고 그름이나 타당성을 판단할 때 이유와 근거를 혼동하지 말아야 한다. 이유만으로 성립되는 주장도 있지만, 근거가 필요한 주장에 이유만 내세우는 주장도 많다.

논증은 주장의 옳고 그름을 입증하는 표현 방식으로 이 역시 하나의 의견이다. 설득력이 있는 논증이라도 그 자체로 진리(사실, 참)가 되지는 않는다. 우리가 접하는 주장들은 대개 나름의 논증 구조를 갖고 있고 설득력을 경쟁한다. 설득력 높은 논증을 고민해야겠지만 설득력이 있어 보인다고 해서 맹신해서도 안 된다.

논증은 크게 보면 경험에 따른 논증과 추론에 따른 논증으로 나눌 수 있다. 논증을 어떻게 이해해야 할지 살펴보자.

내가 해봐서 아는데

　예전에 청와대에서 있었던 일이다. 대통령과 회의하는 자리에서 비서관들이 이렇게 건의했다고 한다. "대통령님, 앞으로 '내가 해봐서 아는데'라는 말을 쓰지 않는 게 좋겠습니다."[22] 비서관들은 왜 이런 건의를 했을까? 대통령이 누군가와 대화할 때마다 '내가 해봐서 아는데'로 말을 시작하는 경우가 많아 비난 여론이 높았기 때문이었다. '내가 노점상 해봐서 아는데', '내가 기업을 해봐서 아는데', '내가 해병대 있는 도시에서 살아봤는데…' 이런 말이 상대의 말이나 처지에 대한 공감과 이해의 표현이기보다는 그의 처지나 마음을 자신의 생각에 꿰

맞추는 오만한 태도로 비치고 있음을 걱정했던 것이다.

젊은이들이 기성세대에게 듣기 싫어하는 말 중의 하나가 '라떼는'으로 상징되는 '내가 너만 했을 땐 말이야'라고 한다. 앞서 말한 대통령도 기성세대이기에 '내가 해봐서 아는데'를 입에 달고 있었을까? 나름대로 파란만장한 삶을 살아왔기에 그과정에서 얻은 자신의 다양한 경험을 자랑하고 싶었을 수도 있다. 자신의 넓은 경험을 내세움으로써 자신이 어떤 일에 정확한 판단을 내릴 자격과 지식이 있다는 걸 인정받으려는 것일수도 있다. 그의 의도가 무엇이든 이는 자신의 경험을 근거로다른 사람의 의견이나 주장을 평가하는 태도다.

우리 주위에는 자신의 경험 잣대로 대상을 파악하고 단정하는 태도를 가진 사람이 많다. 기성세대에 그런 사람이 많은건 단지 나이 때문일까? 위의 대통령은 비서관들의 건의를 흔쾌히 수용했다고 한다. 그러나 그의 '내가 해봐서 아는데'는 그후로도 사라지지 않았단다. 대통령이 돼서 생긴 말버릇이 아니라 더 오래전부터 있었던 태도가 아닐까 한다. 단순한 말버릇이 아니라 사물을 자신의 경험에 따라 판단하는 태도가 몸에배어 있는 것이다. 기성세대에게서 많이 나타나는 건 그들에게많은 경험적 지식이 쌓였고, 그것으로 세상을 이해하고 판단하는 태도가 굳어졌기 때문이다.

그러면 자신의 경험을 근거로 사물을 이해하고 판단하는

것은 잘못일까? 경험이 많으니 관련된 지식도 많을 텐데, '내가 너만 했을 땐 말이야' 한다고 '꼰대'로 조롱하는 건 심하지 않나? 누군가 자신의 경험을 근거로 판단이나 주장의 정당성을 내세울 때 어떻게 해야 할까? 자신의 경험을 근거로 세상을 이해하고 판단하는 태도가 문제가 되는 이유는 경험을 판단의 근거로 삼아서가 아니다. 자신의 경험에 빠져 다른 사람들의 경험을 존중하지 않는 독선도 문제지만, 그보다 경험으로 얻은 판단(지식)이라며 옳다고 확신하기 때문이다.

경험은 우리의 감각과 지각으로 사물의 정보를 얻는 과정으로 우리가 주변의 사물과 세계를 이해하고 지식을 쌓는 출발이다. 근대 이래로 관찰과 실험, 이 경험적 연구 방법을 빼놓고 과학적 지식의 탐구를 말할 수 없다. 경험은 자신이 직접 겪는 일이기에 다른 사람에게서 전달받은 것에 비해 훨씬 생생하고 구체적이다. 그래서 마음에 더 깊이 남고 판단에 큰 영향을 준다. 구체적인 경험을 근거로 한 주장은 더 설득력을 갖기도 한다. 해봐서 안다는 사람 앞에서 해보지 않은 사람은 이의를 달기가 어렵다. 그렇다고 경험에 근거한 판단과 주장이라고 해서 그대로 신뢰할 수는 없다.

옛날 어느 왕이 여러 명의 시각장애인을 모아 놓고 손으로 코끼리를 만져보게 한 후 코끼리 모습을 설명하게 했다. 상아를 만져본 이는 코끼리 모양이 무와 같다고 하고, 머리를 만진 이는 코끼리가 돌처럼 생겼다고 했다. 또 다리를 만진 이는 코끼리가 나무절구와 같다고 하고, 꼬리를 만진 이는 코끼리가 동아줄과 같다고 했다. 불교 경전[23]에 나오는 이 우화에서 보듯이 경험이란 주관적이다. 경험하는 주체에 따라 다르며, 같은 주체일지라도 조건과 상황에 따라 경험의 내용은 달라진다. 아무리 부지런한 사람도 세상의 모든 일을 경험할 수 없으며, 그 경험도 일의 한 측면에 그칠 수밖에 없다. 세상의 일은 대체로 코끼리 모습보다 더 복잡하기 마련이다. 게다가 우리가 경험하는 사물 역시 고정되어 있지 않고 변화한다. 세상에 고정된 것은 없지 않은가. 그래서 인간의 경험이란 모두 '지금-여기'에서 이루어지는 '나'의 경험일 수밖에 없다. 특정한 상태에 있는 주체의 특정한 시공간에서, 사물의 특정한 부분에 한해 이루어지는 경험인 것이다.

개별적이며 특수한 경험에서 얻은 판단을 그대로 다른 현상에 적용할 수는 없다. 코끼리 코를 만져본 경험만으로 다른 동물의 코는 물론 생물의 후각기관을 설명할 수 없듯이, 30년 전에 한 노점상 경험으로 현재의 영세 상인이 겪는 어려움과 요구를 평가해서는 안 된다. 그렇게 얻은 판단이 개인에게는 소중할지는 몰라도 일반화할 수 없는 '지식'이다. 그렇다고 그런 경험이 쓸모없다는 건 아니다. 거기에 매몰되지 않는다면 지식을 얻을 가능성이 열린다. 개별적 경험이 주관성의 한계에 빠지지 않으려면 경험의 객관화 과정을 거쳐야 한다.

경험을 객관화한다는 것은 무슨 뜻일까? 한 사람이 아닌 다수가 같은 경험을 해서 같은 판단을 한다면 이를 객관적이라고 할 수 있을까? 만일 백 명이 코끼리 다리를 만져보고 모두 나무절구 형상으로 추론했다면 그들은 자신의 경험을 객관적이라고 믿을 것이다. 많은 사람이 같은 경험을 하고 같은 판단을 했다면 그렇게 믿을 만도 하다. 하지만 개인 경험이 다수의 경험으로 확인된다고 해도 그것을 객관적이라고 할 수는 없다. 다수결이란 다수의 의견을 확인하는 것일 뿐이다. 객관적이란 말은 얼마나 많은 사람이 인정하느냐가 아니라 주관적 생각이나 감정에 치우치지 않고 사물을 있는 그대로 본다는 뜻이다.

한 개인의 경험에는 그것이 이루어지는 순간에 작용하는 그의 감각기관과 감정 상태, 경험을 해석하고 수용하는 생각이 영향을 준다. 인간의 감각기관은 사물을 있는 그대로 정확하게 인지하도록 설계된 기계가 아니며, 감정 변화에 따라 기능에 영향을 받는다. 또 우리 생각이란 이전에 한 경험만이 아니라 그가 속한 사회의 문화와 언어 등에 영향을 받기도 한다. 자라 보고 놀란 옛사람은 솥뚜껑을 보고 경악했겠지만, 지금의 우리는 전자밥솥의 뚜껑에서 자라의 모습을 떠올릴 수가 없다. 그러니 개인의 경험이 다수로 모였다고 해서 주관적인 것이 객관적이 되지는 않는다.

경험의 객관화란 자신 혹은 집단의 경험이 갖는 주관성을 인정하고 그 의미를 '객관적'으로 분석하는 과정을 거칠 때 가능하다. 자신의 경험이 아무리 특별하고 성공적이었다고 해도, 다수가 동의한다고 해도 이를 절대화하지 않고, 그 경험이 어떤 상황과 맥락에서 이루어진 것인지를 살펴야 한다. 어떤 조건과 상황에서의 경험인지, 거기서 어떤 일반화가 가능한지를 검토해야 한다. 일반화한다는 건 특정한 일부에만 해당되는 게 아니라 전체에 두루 적용한다는 의미다. 특수한 조건에서 특정한 주체의 경험이 일반화되려면 그와 전혀 다른 조건과 주체도 같은 경험이 이루어질 수 있음을 입증해야 한다.

불경 속 시각장애인들이 실제의 코끼리를 올바르게 설명하려면 어떻게 해야 할까? 각자의 경험에 갇히거나 고집하지 않고 서로의 다양한 경험을 인정하고 토론할 때 그 가능성이 열린다. 자신의 경험은 물론 다른 사람의 경험도 그대로 받아들이지 않고 비판적으로 검토하는 자세를 유지할 때 그들은 실제에 근접한 코끼리 모습을 설명할 수 있을 것이다.

누군가의 주장이 아무리 구체적인 경험을 바탕으로 한 것일지라도 그것만으로 그 주장의 정당성이나 타당성이 인정되지 않는다. 수많은 사람이 같은 경험을 했다면 그것은 여러 사람이 같은 경험을 하게 하는 어떤 요인이 있을 뿐이다. 다수가 코끼리 다리를 절구 모습으로 생각하는 것은 그들에게 절구에 대한 공통의 경험이 있고, 그것이 코끼리 다리와 비슷한 모양을 하고 있기 때문이다. 경험을 바탕으로 한 논증은 구체성이 있으므로 설득력이 있지만, 그 경험에도 역시 비판적 사고는 필요하다. 개인 혹은 한 집단의 특수한 경험에 근거한 판단을 무비판적으로 수용하게 되면 왜곡된 인식과 잘못된 행동을 할 수 있다.

모든 논증에는 오류가 있다

앞에서 보았듯이 논증은 근거를 갖춰 주장하는 것이다. 근거를 제시하는 이유는 설득력을 높이기 위함이다. 논증 구조를 갖춘 진술에서 말하고자 하는 바가 있는 부분을 결론이라고도 한다. 주장의 핵심이 들어 있는 것인데, 이 경우 결론을 이끄는 근거를 전제라고 한다. '따라서', '그러므로' 등으로 시작하는 문장은 결론을, '왜냐하면', '~ 때문에'의 말이 들어 있는 문장은 전제일 가능성이 높다.

전제를 제시하고 이것으로 결론을 끌어내는 논증 방식으로 유명한 것이 귀납법歸納法과 연역법演繹法이다. '소크라테스'를 등장시켜 설명하는 추론(추리) 방법으로 많이 들어봤을 것이다.

귀납법	연역법
소크라테스는 죽었다.	모든 사람은 죽는다.
아리스토텔레스는 죽었다.	소크라테스는 사람이다.
그러므로 모든 사람은 죽는다.	그러므로 소크라테스는 죽는다.

귀납법Induction은 개별의 구체적 사실에서 일반적인 원리(결론)를 도출하는 추리 방법이다. 이미 알려진 개별적인 사례를 근거로 하여 일반화할 수 있는 판단을 이끌어내는 추론법이다. 귀납 추론은 경험으로 얻은 사례를 토대로 알려지지 않은 사물의 현상을 예측할 수 있다는 점에서 지식 발전에 큰 역할을 한다. 소크라테스 외 여러 사람이 죽었다는 경험적 사실을 근거로 '모든 사람은 죽는다'라는 결론을 얻은 것처럼 말이다.

여기서 얻은 결론을 다른 사례에 적용하는 보편적 원리로 사용할 수 있다는 데 귀납 추론을 하는 의미가 있다. 소크라테스 외 죽은 사람에게서 얻은 원리로 영생을 원했다는 진시황이 죽음을 피하지 못한 근본적인 이유를 설명하고, 현재의 호모사피엔스 76억 명이 어떤 운명을 맞을지도 예측할 수 있다.

이미 일어난 사건은 물론 아직 일어나지 않은 사건도 설명하고 예측하는 도구를 얻을 수 있다는 데 귀납법의 의의가 있다.

> 9·11 테러는 이슬람교도의 범행이다.
> 런던 테러는 이슬람교도가 저질렀다.
> 파리의 테러는 이슬람교도가 범인이다.

이를 근거로 한 귀납 추론의 결론은 무엇인가? '이슬람교도는 테러리스트다.' 2018년 제주도에 예멘 난민들이 입국했을 때 많은 사람이 반대 시위를 한 데에는 이와 같은 귀납 추론이 있다. '가짜 난민'들 때문에 국민의 안전을 위협하는 테러가 일어날 수 있다는 두려움이 순식간에 퍼졌다. 무고한 인명을 해친 테러리스트에는 이슬람교 신자가 많고, 그들이 저지른 테러는 위에 예시된 것보다 많다. 훨씬 더 많은 사례를 근거로 이루어진 귀납 추론인 만큼 이슬람교 신자를 위험하다고 판단한 주장은 설득력이 있다. 하지만 이 판단을 일반화할 수 있는 원리로 받아들여 예멘 난민들을 모두 잠재적 테러리스트로 보는 게 타당할까?

이는 귀납 추론으로 얻은 결과라고 해서 그대로 옳다고 수용할 수 있는가 하는 문제로 연결된다. 즉 귀납 추론으로 얻은 결론을 모두 참으로 받아들여도 되는가의 문제다. 각 사례가 모두 참이라면 이에 따른 결론도 당연히 참이라고 할 수 있는 가 하는 문제다.

> 2보다 큰 모든 짝수는 두 소수의 합으로 나타낼 수 있다.

수학의 역사에는 아직 해결하지 못한 난제難題들이 있다. 그중 하나가 '골드바흐의 추측'Goldbach's conjecture이라고 한다. 4=2+2, 6=3+3, 8=3+5…. 이렇게 사례들을 검토하다 보면 위의 명제가 참일 것 같은데 아직 '추측'이란다. 수학적으로 증명된 '원리'가 아니라는 거다. 무려 $4×10^{18}$(10^{15}은 1,000조)까지는 명제가 참임을 확인했지만, 그다음의 어떤 짝수에서 두 소수의 합으로 나타낼 수 없는 경우가 있을지를 확신할 수 없기 때문이란다.[24]

같은 사례가 많다고 해서 그와 대립하는 사례가 전혀 없다고 단정할 수 없기에 귀납법의 결론은 참일 가능성이 있을 뿐이다. 오류 가능성이 있는 추론이며 논증인 것이다. 전제와 추론 형식이 타당하면 그에 따른 결론이 언제나 참인 연역법과는 다르다. 귀납법으로 얻은 결론은 아무리 많은 사례가 있다고 해도 항상 참이 되지는 않는다. 수많은 사례로 관찰된 백조와는 다른 사례, 이른바 '검은 백조'Black Swan가 존재할 수 있기 때문이다. 골드바흐의 추측처럼, 무려 1,000조가 넘는 사례가 있으니 그다음에 오는 짝수도 두 소수의 합으로 나타낼 가능성은 매우 높지만, 그것은 개연성일 뿐 확실성은 없는 것이다.

귀납 추론이 합리적이려면

이슬람 아랍인의 테러가 많다고 해서 그것만으로 이슬람 아랍인을 모두 테러리스트로 결론 내리는 것은 올바른 판단일까? 언론 보도에 자주 등장하기에 그런 연상이 일어날 수는 있어도 합리적인 추론은 아니다. 이슬람 아랍인의 선행善行 사례가 테러보다 수십, 수백 배 더 있다고 해서 그들을 천사라고 주장하는 것만큼이나 무리한 논증이다. 제주도에 온 예멘 난민을 두고 일어난 논란은 외국인 혐오의 문제도 있지만, 그 이면에는 언론 보도로 형성된 편견을 합리적 추론으로 여기는 잘못된 생각도 있다.

귀납법은 학교나 책에서, 소크라테스를 통해서 배우지 않아도 우리의 사고 속에서 일상적으로 이루어진다. 과학자나 전문가들만 하는 특별한 추리가 아니라 평범한 사람들이 하는 생각에도 귀납 추론이 있다. 먹구름이 끼면 비가 내리는 경험을 반복하면서 한낮에도 하늘이 어두워지면 우산을 챙기고, 거짓말 전과가 많은 사람을 거짓말쟁이라고 규정하는 게 그것이다. 이렇듯 우리는 어떤 일이 반복해서 일어나면 그것을 '일반화'하는 사고를 자연스럽게 한다. 귀납법은 그만큼 일상에서 쓰임이 많은 추론이며 논증 방식이다. 그렇기에 더욱 비판적 사고가 필요하다.

적지 않은 인명 피해가 발생한 사고들이 보도될 때마다 자주 등장하는 말이 있다. '안전 불감증.' 안전시설이나 장치를 적절하게 갖추고 운용하고 있었다면 일어나지 않을 사고라거나, 인명 피해를 피할 수 있다는 점을 강조하는 경우에 쓰이는 말이다. 안전 의식의 부족이 사고와 인명 피해의 주요 원인인지는 별개로 하고, 이른바 안전 불감증은 왜 생기는 걸까? 소방시설을 갖추지 않고 건물 비상구를 막아놓는다든가 배나 차에 화물을 과적하는 일이 계속되는 것은 상식적인 귀납법 사고와 무관하지 않다. '예전부터 그렇게 했어도 아무 문제 없었어' 하는, 이제까지 사고가 나지 않았으니 앞으로도 일어나지 않을 거라는 생각이 자리하는 것이다. 하지만 과거에 문제없던 사례가 많다고 해서 이후에도 문제가 없을 거라고 확신할 수 없다.

과거 사례를 근거로 미래를 예측하거나 일반화하는 것이 잘못된 사고는 아니다. 어떤 일이 반복적으로 일어난 경우 비슷한 조건에서 같은 일이 생길 가능성이 있고, 귀납 사고는 그 가능성에 대비하게 한다. 그렇기에 귀납법은 일상생활에서는 물론 과학 등 인간의 지식 발전에 크게 기여해 왔고, 그를 기반으로 인류 문명이 유지되고 발달해 왔다고 할 수 있다. 하지만 위에서 보았듯이 귀납법의 추론이나 논증은 언제나 오류 가능성이 있음을 잊지 말아야 한다. 합리적으로 보인다고 해서 추론이나 논증의 결과가 자동적으로 참이 되지는 않는다.

오류 가능성은 귀납법 자체의 특성이기도 하나 추론 과정에서 발생하기도 한다. 추론 과정이 '합리적'이지 못한 것인데, 개별 사건을 근거로 일반화하는 판단을 할 때 그 근거가 되는 사례가 올바르지 않아 일어나는 문제가 대표적이다. 이는 판단 근거로서 제시되는 사례가 충분하지 않거나 다양성이 부족할 때 발생한다. 어떤 정책이나 인물을 판단할 때 국민 여론을 특정 지역 혹은 특정 계층에 속한 사람들의 의견만을 근거로 한다면 이를 '국민의 뜻'이라고 할 수는 없다. 지지하는 사람들의 의견을 근거로 자기의 주장이 국민 여론이라고 말하는 건 자신의 반려견이 가족에게 하는 태도만 보고 "우리 개는 순해요"라고 말하는 것과 다르지 않다. 편향된 사례를 근거로 성급한 일반화의 오류에 빠지는 것이다.

편견이나 선입관을 갖고 사례를 수집하거나 관련성이 낮은 사례들을 근거로 한 추론은 편향되고 왜곡된 결론에 이를 수밖에 없다. 테러를 저지른 사람들의 다양한 출신과 배경을 고려하지 않고 이슬람 아랍인의 사례만을 근거로 하여 테러를 이슬람 아랍인의 특성으로 판단하는 것이 그런 경우다. 귀납 추론을 할 때나 그러한 논증 구조의 주장을 평가할 때는 결론을 이끄는 사례가 적절한지를 보아야 한다. 사례로 제시되는 각각의 사건들이 어떤 조건에서 이루어진 것인지, 사건 간의 연관성이 있는지 등을 잘 살펴야 한다. 특수한 조건에서 이루어진 사례를 일반화하면 안 되는 것이다. 의미 있는 통계를 얻으려면 올바른 표본 수집이 중요한 것처럼, 귀납 추론은 적절하고 충분한 자료에 근거할 때만이 판단과 결정에 도움을 줄 수 있다.

'호랑이에게 물려가도 정신만 차리면 산다'라는 속담이 맞는지 확인하려면 어떻게 해야 할까? 먼저 호랑이게 물려갔다가 살아 돌아온 사람들이 정말 있는지, 그중에서 정신을 차려서 살아온 사람이 어느 정도인지를 찾아야 한다. 호랑이의 '단순 변심'이나 다른 이유로 살아 돌아왔다면 속담과는 상관이 없을 것이다. 게다가 호랑이에게 물려가서 살아온 사람과 정신을 놓지 않은 것과의 상관성을 알려면 이 조사만으로는 부족하다. 호랑이를 '집 나간 형님'이라 부를 정도로 정신을 차렸지만 돌아오지 못한 사람들이 얼마나 있는지 알아야 한다. 하지만 그들의 정보는 확인할 수가 없다. 속담이 실화에 근거한 거라면 호랑이에게 물려갔다가 살아 돌아온 사람의 사례가 여럿 있는 것이나, 그렇다고 위기 상황에서도 정신을 차릴 때 극복 가능성이 있다는 격언을 넘어 이를 보편적 원리로 받아들이기는 어렵다. 합리적 추론 과정을 거친 결론이 아니기 때문이다.[25]

연역 논증은 항상 참일까?

소크라테스 이전과 이후 수많은 사람이 죽었다고 오늘 혹은 내일 태어나는 어떤 인간도 죽을 운명이라는 단정은 어떨까? 이제까지 인간으로 태어난 모든 사람이 죽었다는 사례만으로는 확실성을 말할 수 없다. 히틀러나 엘비스 프레슬리가 아직 살아 있다는 음모 이론을 믿어서가 아니다. 그것만으로는 내일 혹은 내년에 죽지 않는 인간이 한 명 나올 가능성을 배제할 수 없기 때문이다. '모든 사람은 죽는다'라는 말이 오류 없는 보편 법칙이 되려면 과거의 무수히 많은 사례뿐만 아니라 생물학적 원리로서 증명되어야 한다. 모든 생명체는 생명 과정으로써 죽음을 내재하고 있음이 과학적으로 입증되어야 하는 것이다. 그래야 걸리버가 만난 죽지 않는 사람들이 그저 문학적 상상과 비유에 불과하다고 확신할 수 있다.

확인된 보편적 원리에 따라 개별 사건을 설명하는 연역법은 그 점에서 귀납법과 차이가 있다. 올바른 추론 과정으로 얻은 결론은 절대 틀릴 수가 없다. 그렇다면 연역 추론의 논증 구조를 갖춘 주장은 모두 올바른 것으로 받아들여야 할까? 아니다. 귀납법과 달리 결론이 항상 참이라는 연역 추론에서도 오류는 일어날 수 있다. 그래서 비판적 사고는 연역 추론과 그 주장에서도 필요하다.

연역법도 전제와 추론 형식이 타당하지 않으면 그에 따른 결론이 참이 될 수 없다. 참으로 인정되는 추론 결과를 얻으려면 무엇보다 전제가 확인된 보편적 진리여야 한다. 그런데 우리가 연역 추론의 전제로 세우는 명제들은 우리의 경험적 사실, 즉 개별적 사례들의 연구로 얻어진 것이 많다. 귀납으로 얻은 원리나 법칙을 전제로 하는 판단이라면 아무리 추론 형식에 문제가 없다고 해도 결론에 오류가 생길 가능성을 피할 수 없다. '모든 사람은 죽는다'라는 게 생물학적으로 증명된 원리가 아니라면 이를 전제로 내린 판단이 항상 참이 되지는 않는다. 대전제가 되는 원리가 증명된 사실인 경우에도 그 원리에 절대적인 보편성이 없다면 그에 따른 추론 결과 역시 항상 참이라고 장담할 수는 없다.

'삼각형 내각의 합은 180도.' 이 법칙은 세상에 존재하는 모든 삼각형을 빠짐없이 관찰한 결론은 아니지만, 기하학적으로 증명된 원리이기 때문에 그 확실성을 인정한다. 이 법칙에 따라 우리는 어떤 삼각형을 만나도 두 각의 합을 알면 나머지 하나의 각도 알 수 있다. 그런데 이는 특수한 조건에서만 가능한 일이다. 왜 그럴까? 지구에서 두 개의 경도선은 적도와 수직으로 만난다. 이 두 개의 경도선은 극점에서 만나게 되고, 이에 따라 적도를 밑변으로 하는 삼각형이 만들어진다. 적도를 밑변으로 하는 두 개의 각은 직각이니 이 삼각형에서 내각의 합은 180도가 넘는다. '삼각형 내각의 합은 180도'라는 법칙은 평면(유클리드기하학)에서만 적용되고 지구와 같은 곡면에서는 성립하지 않는다.

연역 논증이 이루어진 주장이라고 해도 그 자체로 옳은 건 아니다. 논증의 형식이 바른지 살펴봐야 한다. 특히 대전제로 삼는 명제가 참인지 아닌지를 평가해야 한다. 특수한, 제한된 조건에서 성립하는 원리나 법칙을 전제로 한다면 거기서 나온 결론은 특수하고 제한된 조건에서만 참일 수밖에 없다.

1965년 한일기본조약으로 한국과 일본 사이에 모든 청구권 문제는 완전히 그리고 최종적으로 해결됐다. 일본은 조약에서 정한 대로 한국에 청구권 자금을 지급했다.
따라서 일본 기업에 징용 노동자에 대한 배상을 요구하
는 판결은 국가 간 약속을 깨는 것으로 부당하다.

한국과 일본 사이에 갈등을 낳는 징용 노동자 배상 문제에
서 일본 정부가 주장하는 논리다. 일부 한국인들 사이에서도
지지를 받기는 한다. 일본의 주장대로라면 징용 노동자에 대한
배상을 계속 요구하는 한국은 국가 간 신의를 저버린, 국제적
으로 비윤리적인 국가가 된다.

일본은 1965년 한일기본조약(한일협정)[26]을 식민 지배 등
양국 사이의 근대사를 정리하는 보편적 규범으로 전제하고,
이를 근거로 징용 노동자에 대한 배상 의무가 없다는 주장을
하고 있다. 일본 주장의 정당성을 평가하려면 먼저 이 대전제
가 타당한가를 검토해야 한다. 그러려면 조약으로 해결됐다고
하는 청구권이 무엇인지부터 살펴봐야 한다.

일본은 이 조약에 따라 식민 지배 기간에 일본 국가 및 기
업이 일으킨 모든 행위의 책임을 수행했다고 주장한다. 식민 지
배는 불법이 아니며 노동자들을 징용한 것 역시 합법적으로 이
루어졌기에 배상 책임이 없다고 한다. 합법적인 정부(총독부)의
합법적인 절차(국민징용령)이니 불법 행위를 책임지는 배상은
성립하지 않는다는 논리다. 이에 반해 한국은 식민 지배 자체

가 불법이니 이 시기에 이루어진 징용 역시 불법 행위로서 배상 책임이 있다는 주장이다.

이런 대립이 해결되지 않고 체결된 조약에서 규정한 청구권은 일본이 식민 지배의 불법성을 인정하고 그에 따른 배상 의무를 수용한 게 아니었다. 일본이 한국에 지급한 청구권 자금은 '독립축하금'이었을 뿐이다. 한일기본조약이 식민 지배의 불법성을 인정하고 그 배상을 청구권으로 규정한 것이 아니기에 불법 행위에 대한 배상 책임은 이 조약으로 소멸되지 않았다는 게 한국 사법부의 판단이다.[27] 징용 노동자들이 일본 기업에 요구한 것은 받지 못한 임금이 아니라 강제 동원의 불법 행위에 따른 위자료다. 일본 우익인사들이 징용 노동자와 위안부는 자발적이었지 강제나 허위 등 불법은 없었다는 주장을 반복하는 이유에는 이런 사정도 있다.

한일기본조약에서 양국 정부는 일제의 한반도 지배의 성격에 관하여 합의에 이르지 못하였다. 한일기본조약에 대한 해석이 양국 사이에 일치하지 않는 한 이를 근거로 한 주장은 설득력을 가질 수 없다. 참으로 인정되지 않는 전제를 기반으로 한 논증이기 때문이다.

오류 없는 셜록 홈스 추리의 비밀

한쪽은 몸집이 작고 피부가 검은 사내였는데 그는 모자를 뒤로 젖혀 쓰고 여러 개의 작은 보퉁이를 옆구리에 끼고 있었다.

"과거에 군인이었던 모양이군요."

홈스가 말했다.

"그래, 최근에 제대했어. 인도에서 근무했고."

"홀아비가 틀림없군."

"하지만 혼자 사는 건 아니에요. 아이가 하나 있거든요."

"이런, 셜록. 하나가 아니야."

"잠깐!"

형제의 대화를 가만히 듣고 있던 내가 그들의 대화를 중단시켰다."

"대화 중에 폐가 안 된다면 제가 알아들을 수 있게 설명해 줬으면 좋겠군요."

"이런, 우리끼리만 떠들었군. 미안하네, 왓슨. 우리가 얘기한 건 별것 아니야. 저 으스대는 듯한 얼굴 표정이나 어깨를 펴고 걷는 태도, 그리고 햇볕에 탄 피부는 그가 바로 군인이었다는 증거라네. … 영국 내에서는 피부를 저렇게 검게 태울 수가 없다네. 결국 그는 인도에서 돌아온 지 얼마 되지 않은 하사관급 군인이었던 거야."

…

"아이들이 있다는 건…?"

"보통이 밖으로 아이들 물건이 비죽 나와 있거든요. 갓난아이나 가지고 노는 방울 장난감과 그림책이 함께 있다는 건 아이가 둘이라는 증거지요. 그 둘을 모두 가지고 노는 아이는 없지 않겠습니까? 아마도 저 사람의 아내는 작은 아이를 낳은 후 산후가 좋지 않아 죽었을 겁니다."[28]

셜록 홈스와 그의 형이 한 사람의 외모와 행색을 보고 경쟁적으로 추리 결과를 쏟아내고 있다. 처음 보는 사람의 겉모습만 보고 삶의 중요한 측면을 판단하는 걸 보면 왓슨의 어리둥절함이 이해된다. 피부가 검게 탔다는 것을 근거로 인도에서 군 복무를 한 사람이라거나, 작은 보퉁이들을 들고 있는 것은 아내를 잃고 직접 어린아이를 돌보기 때문이라는데, 듣는 사람을 탄복하게 하는 그들의 추리법은 무엇일까?

탐정 홈스의 추론 방식을 귀추법(歸推法, abduction) 혹은 가추법假推法이라고 한다. 이는 어떤 현상이 왜 일어나는지 배경지식이나 경험적인 정보를 토대로 설명을 시도하는 것이다.[29] 홈스는 '사내의 얼굴이 검다'라는 현상을 '인도에서 살면 얼굴이 탄다'라는 지식을 토대로 '인도에서 근무했다'라고 판단을 내린다. 또 '으스대는 듯한 표정'은 간부이기에 그렇다고 한다. 검은 얼굴과 으스대는 표정을 단서로 인도에서 근무한 경력의 군인이었다고 판단하는 것이다.

과학탐구의 추론으로 귀추법을 제시한 퍼스Charles Sanders Peirce는 과학의 모든 생각이 귀추적 사고로 나타난다고 한다. 어떤 현상을 연구하고 이를 과학적으로 설명하는 이론을 고안하는 데 귀추법의 기여가 있다는 것이다.[30]

아폴로 15호에서 보내온 영상 중에 망치와 깃털을 동시에 떨어뜨리는 실험이 있다. 망치가 깃털보다 무거우니 먼저 떨어질까? 지구라면 그럴 수도 있지만 달에서는 두 물체가 지면에

닿는 시간이 같았다. 갈릴레이가 제기한 자유낙하운동을 확인해준 실험이었다. 달에 가본 적 없는 갈릴레이가 이 법칙을 제안한 추론이 귀추법이라고 한다. 수은이나 공기 중에서 물체의 떨어지는 속도가 다르다는 사실에 근거해 갈릴레이는 진공 상태에서라면 무게와 상관없이 물체가 같은 속도로 떨어질 거로 생각했다.[31] 무거운 물체가 가벼운 것보다 먼저 떨어진다는 아리스토텔레스 이래의 지식이 바뀌는 출발점에 귀추법이 있었다.

일상생활에서 우리도 홈스처럼 귀추법을 많이 사용한다. 인과관계 분석을 할 때 우리는 자연스럽게 귀추법 추론을 한다. 의식하지 못하면서 가장 흔하게 하는 추론일 수 있는데, 누군가 기침하는 걸 보고 감기에 걸렸다고 추측하고, 사건 현장의 단서를 모아 용의자를 특정하는 판단이 그렇다. 형사의 수사나 의사의 진찰만이 아니라 고미술 '진품명품'을 감정하는 텔레비전 프로그램에서도 귀추법을 볼 수 있다. 도자기의 제작시기를 감정할 때 형태나 제작 기법, 굽이나 주둥이 모양 등을 살피는데, 이는 도자기의 시대별 특징이 다르다는 지식을 기초로 한 것이다.

소설 속에서 셜록 홈스의 추리는 기가 막히게 맞아 떨어진다. 명탐정이니까. 하지만 현실에서도 그만큼의 정확성을 기대할 수 있을까? 피부를 검게 태우는 게 흐린 날이 많은 영국에서는 힘들다 해도 인도에서만 가능한 일은 아니다. 아프리카를 여행한 상인일 수도 있다. 으스대는 얼굴 표정이 군인의 전유물도 아니다. 또 성인 남성이 아이들 물건이 든 보퉁이를 갖고 있는 게 당시 영국 사회에서는 드문 일이겠지만, 그것만으로 홀아비라 단정할 수는 없다. 아내가 아프거나 꽤 자상한 남자일 수도 있다.

귀추법은 '최선의 설명으로 추론inference to the best explanation'[32] 이란 말처럼 어떤 현상이 무엇 때문에 일어났는지를 가장 설득력 있게 설명하려는 추리법이다. 그럼으로써 과학의 발전에 이바지할 뿐만 아니라 명탐정들의 활약을 보는 재미도 주지만, 귀추법 역시 오류 가능성이 있는 추론 방법이다. 그렇기에 노련한 형사나 경험 많은 의사와 고미술 감정위원도 오판과 오진의 가능성에서 자유롭지 못하다. 셜록 홈스의 추리에 오류가 없는 건 작가를 잘 만났을 뿐이다. 우리의 일상에서 이루어지는 귀추법 추론도 마찬가지다. 우리가 범하는 오해에는 '그럴 가능성'에 대한 섣부른 단정으로 빚어지는 것이 많다. 갈릴레이의 귀추법이 실험으로 확인되었기에 그 타당성을 인정받았듯이 우리가 하는 추론도 정말 그런지는 검증이 필요하다. 아무리 참신한 설명일지라도 확인되기 전까지는 여전히 가설일 뿐이다.

동시가 얼굴을 찡그리는 추론

고대 중국의 미인으로 유명한 서시西施는 속병이 있어 자주 얼굴을 찡그리고 다녔다고 한다. 사람들은 이마저도 예쁘게 보았는데, 한 마을의 어떤 여인이 자기도 가슴을 부여잡고 얼굴을 찡그리고 다녔단다. 그렇게 하면 자신도 서시처럼 아름답게 보일 거라는 기대를 하고. 하지만 마을 사람들은 그 '꼴'이 보기 싫어 문을 닫고 밖으로 나오려 하지 않았고, 심지어는 가족을 데리고 마을을 떠나 버리기까지 했다고 한다.[33]

동시효빈東施效顰, 얼굴 찡그리는 것을 동시가 따라한다는 말의 기원이 되는 옛이야기다. 동시는 서시에 빗대어 부르는 말로 이야기가 나오는 《장자》에서는 미인의 반대말인 추인醜人으로 되어 있다. 미인의 얼굴 찡그림을 따라 하면 자신도 미인으로 보일 거라 믿는 생각이, 옳고 그름의 판단 없이 혹은 맥락을 고려하지 않고 남의 흉내를 내는 행동일 뿐이라는 뜻으로 쓰인다.

미인을 따라 한 게 마을 사람들이 자가 격리를 할 정도의 나쁜 짓은 아닐 텐데, 동시의 행동은 무엇이 문제일까? 과장된 행동을 하는 마을 사람들이 아닌 논리학의 관점에서 보면 잘못된 추론을 한 게 문제다. 눈살을 찌푸리는 서시를 아름답게 보는 건 그것이 미인의 행동이었기에 그런 것이다. 그런데 동시는 찡그리는 행위를 미인의 필요충분조건이라 추론해 이를 흉내 내면 자신도 미인으로 보이리라는 오해를 하고 말았다. 동시의 판단을 정리하면 이렇게 볼 수 있다.

서시는 얼굴을 찡그린다.
동시도 얼굴을 찡그린다.
서시는 미인이다.
따라서 동시도 미인이다.

서로 다른 사물(사건)의 유사성을 바탕으로 한 사물의 특성을 다른 사물에도 적용해 설명하는 것을 유비추론(類比推論,

analogy)이라고 한다. 이 추론으로 이루어지는 논증이 유비논증이다. '얼굴을 찡그린다'라는 두 인물의 유사성을 근거로 '미인'이라는 한 사람의 특성이 다른 사람에게도 있다고 결론을 이끌어내는 방식이다. 비교나 비유가 주로 사용되는데, 고전을 보면 비유比喩를 통한 논증을 자주 접하게 된다. 《장자》에서 동시효빈 이야기를 하는 이유도 이 비유로 공자孔子를 비판하는 데 있었다. 공자가 여러 나라를 돌며 유세하는 게 이미 사라진 주나라의 문물제도, 예의 등을 시대 상황의 변화를 고려하지 않고 추종하는 행동이라고 유비논증을 한 것이다.

동시의 추론은 안타깝게도 오류가 됐지만, 그렇다고 유비논증이 모두 틀린 논증이라는 뜻은 아니다. 앞의 다른 논증 방식들처럼 오류 가능성이 있으나, 유용성이 높은 논증이기도 하다. 상대가 알고 있는 사실이나 쉽게 이해할 수 있는 것에 빗대어 말하기에 설득력이 높은 논증 방식이어서 고전에서만이 아니라 일상생활에서도 흔히 사용된다. 발언에 속담이나 우화를 인용하거나, 재판에서 판례가 사용되는 것도 유비논증(추론)의 유용성을 보여 준다.

또 유비추론은 기존에는 알지 못했던 새로운 것을 이해하는 데 큰 도움을 주기도 한다. 원자 모형을 규명하는 데 태양계의 행성 운동이 모델이었다는 건 유명한 얘기다. 톱의 발명이 톱니 모양의 풀잎에서 착안했다는 얘기도 있다.[34]

외계 생명체를 찾으려면 먼저 무엇을 해야 할까? 성능 좋은 망원경이나 우주선을 개발하는 것이 아닌 지구를 연구해야 한다. 지구가 어떤 별이기에 생명체가 등장해 진화할 수 있었는지를 밝히면 생명체가 존재할 만한 곳이 우주 어디쯤 있을지 찾을 수 있다. 우리가 사는 곳과 유사한 지구형 행성을 찾으면 그곳에 생명체가 존재할 가능성이 있다.

의약품 개발에 동물실험을 하는 것도 인간과 동물의 유사성을 근거로 한다. 동물에게서 나타난 특정 물질이나 성분에 대한 반응을 기초로 그것이 인간에게 어떤 효과를 줄지 추정할 수 있다. 하지만 동물실험을 거친 후 다시 인간 대상의 임상시험을 하는 이유는 그 추정의 한계 때문이다.

2021년 1월, 가습기 살균제를 제조해 판매해 온 기업의 임직원들에게 1심 재판부는 무죄를 선고했다. 가습기 살균제 중 'PHMG'라는 성분으로 제품을 만들어 판매한 기업의 책임자에게는 유죄 판결이 있던 터라 이번 판결은 많은 논란을 낳았다. 인체에 무해하다는 기업의 말을 믿고 이 제품을 사용하다 건강과 가족을 잃은 피해자가 많은데, 재판부는 왜 무죄로 판결했을까?

피해자들의 폐 손상과 'CMIT/MIT' 성분의 가습기 살균제 사용 사이에 인과관계를 인정할 수 없기 때문이란다. 좀 더 정확히 말하면, 가습기 살균제의 유해성을 확인하는 동물실험 결과를 인정하지 않은 것이다. 1심 재판부는 흡입을 통해 사람의 폐에 도달한 'CMIT/MIT'가 폐질환을 일으킬 정도의 양이 축적돼야 인과관계를 인정할 수 있는데, 쥐를 상대로 한 실험에서는 코나 후두 등에 염증이 일어난 결과만 있어 그렇게 볼 수 없다는 것이다. 또 폐 손상이 확인된 실험도 호흡으로 흡입되는 방식이 아니고, '가혹한' 강도로 이뤄진 실험이라며 인정하지 않았다.[35]

형사 재판에서 '엄격한 인과관계 증명'을 강조하며, 증거로 제출된 동물실험의 결과에 비판적인 재판부를 비난할 수는 없다. 유죄 확신을 줄만한 증거가 부족하다면 무죄를 선고해야 하는 게 판사의 책무 아닌가. 문제는 검사가 유죄 증거로 제시한 동물실험 결과를 대하는 재판부의 관점이다. 유비추론의 문제로 재판부의 판결을 생각해보자.

재판부의 판단은 '쥐 실험에서 유해성이 확인되지 않았으니, 사람에게 유해하다고 볼 수 없다'이다. 어떤 물질이나 성분을 놓고 동물실험을 하는 건 인간과 동물 사이의 생체적 유사성을 근거로 한다. 재판부 판단도 이를 전제로 한 것이다. 유사성을 근거로 한 유비추론이 성공하려면 유사성을 넘는 차이가 없어야 한다. 유사성을 근거로 한 결론이 훼손될 정도의 차이가 있다면 그것은 실패한 추론이다. 쥐와 사람은 생체적 유사성이 차이보다 클까? 사람은 구강호흡도 하나 설치류는 비강호

흡만 한다고 한다. 같은 성분이라 할지라도 사람과 기관지 크기, 호흡수 등에서 차이가 있는 설치류에게서 효과는 다르게 나타날 수 있다.[36]

인간에게 나타난 독성이 동물실험에서 확인되지 않는 사례는 많다. 2006년 76개 동물실험을 검토한 결과, 37퍼센트만이 인간과 일치하였다고 한다. 약 20퍼센트는 인간과 다른 결과가 나타났는데, 특히 쥐와 토끼를 대상으로 실험 결과에서 차이가 많았다고 한다. 의약품 등 개발에 앞서 동물실험에서 독성이 없다는 결과가 나와도 사람을 대상으로 임상시험을 하는 건 종간 차이가 크기 때문이다.

동물실험에서 어떤 결과가 나와도 이는 유비추론의 근거다. 개연성이 있을 뿐 확실성은 없다. 동물에게 안전하니 사람에게도 안전하다고 단언할 수 없는 것이다. 물론 동물에게 위험하니 사람에게도 위험하다는 판단 역시 한계가 있다. 이를 확인하려면 사람을 대상으로 실험을 해야 하는데, 인간 사회의 윤리는 그런 위험을 허용하지 않는다. 재판에서 논의된 동물실험은 어떤 성분이 사람에게 안전할지를 사전에 알아보는 실험이 아니라, 수많은 피해자가 발생한 뒤에 그 원인을 밝히는 것이었고, 어떤 형태로든 생명체에 손상을 주는 게 확인된 실험이었다. '내 몸이 증거'라는 피해자들의 외침이 감정적 절규만은 아닌 것이다.

인공지능AI 발달과 함께 각광받는 안면인식기술도 유비추론의 활용 사례라 할 수 있다. 얼굴을 구성하는 각 기관의 특징과 다른 기관과의 관계 등을 비교 분석하여 동일인 여부를 판정하는 기술이다. 한 인물의 얼굴에서 두 눈 사이의 거리, 코의 길이와 너비, 턱 선의 길이 등등 세밀한 특징을 추출해 놓았다가 어떤 대상과 비교하는 것이다. 그 특징들이 같으면 동일 인물이라고 판정하는 건데, 어떤 프로그램은 68개의 특징을 뽑아 대조한단다. 육안으로 봐서 닮은 정도를 넘는 세밀한 대조를 하는 것으로 정확도가 99퍼센트에 이르는 시스템도 있다고 한다.

안면인식기술은 1980년 광주민주화운동이 북한 특수군이 저지른 폭동이란 주장의 근거로도 이용된다. 당시의 사진에 등장하는 인물들을 북한에서 요직에 있던 인물들과 비교하여 닮은 특징이 있으니 동일 인물이라고 단정하는 것이다. 하지만 '특수 소프트웨어와 민완형사급 직관'을 동원했다는 이들의 주장은 역으로 안면인식기술로 반박된다. <SBS> 의뢰를 받은 전문가 분석에 따르면 '광수'로 지목된 사람들은 당시 광주에 있던 평범한 시민이었다. 김정일의 첫 번째 부인으로 지목된 여성과 황장엽으로 지목된 '광수'의 실존 인물이 나타나 사진 속의 인물이 자신이라고 주장했으며, 이들의 주장은 안면인식기술로 뒷받침 된다.[37] 그들은 대한민국에서 인정한 시민이다.

유비추론과 이에 기초한 논증은 쉽고 설득력이 높아 자주 사용되지만, 오류 가능성을 잊어서는 안 된다. 서로 다른 사물 간에 유사성을 발견했다고 해서 이를 섣불리 동일성의 논거로 삼는 것은 위험하다. 유사성에 기초한 논증이 설득력이 있으려면 대상 사이의 유사성이 일회적이고 우연적이지 않은 본질적인 속성이야 한다.[38] 눈매나 귀 모양이 닮았다는 정도가 아니라 지문이나 홍채, 유전자 등 각 개인에게 고유한 정보이거나, 그에 비견되는 외형적 특징이 있어야 한다. 또 유사성을 논증 근거로 삼는 경우에는 그에 따른 반례도 생각해야 한다. 광주의 기록사진을 중국이나 일본인의 얼굴과 대조하면 비슷한 인물이 전혀 안 나올까?

우상
과

오류

고릴라를 못 보는 이유

각각 흰 옷과 검은 옷을 입은 여섯 명의 남녀가 어지럽게 오가며 두 개의 농구공을 주고받는다. 같은 색의 옷을 입은 사람에게 서로 패스를 하고 있다. 이때, 그들 사이로 고릴라 분장을 한 사람이 어슬렁거리며 지나간다. 공을 주고받는 사람들 사이로 고릴라처럼 가슴을 두드린 후 사라지는 모습이 무척 여유가 있어 보인다. 공놀이가 끝난 후 이 영상을 지켜본 사람들에게 고릴라를 보았느냐고 물었다. 쉬운 질문이지만 질문을 받은 사람 중 '보았다'라고 대답한 사람은 절반도 되지 않았다.

대니얼 사이먼스Daniel Simons 등 미국의 심리학자들이 진행

한 '보이지 않는 고릴라' 실험 결과다. 인간이 사물을 볼 때 선택적 집중을 하는 경향이 있음을 보여 주는 실험이었다. 실험에 참여한 사람들은 이 영상을 보기 전에 '흰옷을 입은 사람들끼리 몇 번의 패스가 이루어졌는지를 맞춰라'라는 과제를 받았다. 고릴라가 지나갈 거라는 정보는 주지 않았다. 사람들은 지시를 받은 대로 흰옷 입은 사람들의 패스에만 집중했고, 상당수가 자신을 향해 가슴을 두드리는 고릴라를 인식하지 못한 것이다.[39]

이를 '무주의 맹시'inattentional blindness라고 한다. 어떤 한 가지에 집중하면 그 외 다른 것을 보지 못하는 인지적 착각을 이르는 말이다. '선택적 주의' 현상이라고도 한다. 주로 시각 정보에 의지해 주변 사물을 판단하는 인간에게 눈에 들어오는 수많은 정보를 모두 신경쓰는 것은 매우 피곤한 일일 뿐만 아니라 효율적이지도 않다. 그래서 인간은 사물을 볼 때 선택과 집중을 한다. 주어진 목표에 충실하도록 그 외 정보를 무시 또는 배제하는 것인데, 주의를 기울이지 않은 주변의 변화에는 무지하다.

무주의 맹시는 시각 현상이 아니라 인간 사고에서 나타나는 특성이다. 인간은 눈으로 보는 게 아니라 '뇌로 본다'고 한다. 뇌가 선택한, 즉 주의를 기울이는 정보 외에는 무시하고 배제하는 것이다. 사물과 사건, 그 관계를 인식하면서 관심을 둔 것에만 주의를 기울이거나 가치를 높게 여기고 그 외 것에는 무관심하거나 무시하고 폄하하는 태도를 보이는 것이다. 하지만 이에 따른 문제는 눈앞을 지나가는 고릴라가 안 보이는 정도로 그치지 않는다. 2001년 있었던 미국의 핵잠수함 그린빌호 사고는 그런 사례로 꼽힌다. 그린빌호는 하와이에서 유력 인사를 초청해 잠수함의 능력을 보여 주는 훈련 중 긴급 부상을 하다가 일본 고교 실습선 에히메마루를 침몰시켰다. 훈련 성공에만 신경 쓰다 잠망경 관측 범위에 있던 이 배를 보지 못했다고 한다. 근래 사회 문제가 되는 이른바 스몸비(smomvie : smartphone+zombie)도 같은 현상이라 할 수 있다.

성적, 입시, 취업, 게임 등 자신이 주의를 기울이는 문제 외에는 눈과 귀가 닫힌 것도 사고에서 무주의 맹시가 일어나는 거라 할 수 있다. 한국인으로서 역할에 관심을 한정하여 난민 등 다른 지구인들의 고통에 무지하게 되는 것도 그런 예다. 특정한 관점, 가치를 절대시함으로써 그 외 것을 배척, 폄하하는 편견 역시 무주의 맹시에 빠진 거라 할 수 있지 않을까? 철학자 베이컨은 인간의 정신을 사로잡는 편견을 우상(偶像, idol)이라 불렀다. 숭배로 보일 만큼 사람들이 사로잡히는 생각이라는 뜻이지만, '아이돌'을 좋아하듯 널리 퍼져 있는 태도라는 의미도 있지 않을까 한다. 베이컨은 우상을 네 가지로 제시했다. 종족의 우상, 동굴의 우상, 극장의 우상 그리고 시장의 우상.

종족의 우상은 모든 것을 인간이라는 '종족'의 관점에서 보는 것이다. 인간의 의지나 감정, 이해관계에 따라 세계를 이해하는 태도다. 자연을 정복, 개발의 대상으로 보는 게 대표적 사례다. 동굴의 우상은 개인이 가진 문화, 교육, 환경 등에서 오는 편견이다. 자문화 중심주의나 인종 혐오 등이 여기에 해당한다. 극장의 우상은 전통과 관습, 권위 있는 학설이나 사람의 말을 무비판적으로 따르는 태도라고 할 수 있다. 베이컨은 이를 정해진 각본에 따라 연극을 하는 것과 다르지 않다고 보았다. 시장의 우상은 인간 사이의 교류와 접촉, 의사소통에서 비롯되는 편견이다. 인간 사이의 교류와 소통은 언어에 의존하는데, 이것이 인간의 지성을 우상에 빠트릴 수 있다. 귀신의 존재 증거를 귀신이라는 말에서 찾는 것처럼 허황되거나 잘못된 개념의 사용도 그런 사례다.

우상(편견)은 인간이 감정적이어서 생기는 것이 아니다. 오히려 이성적인 사고에서 생긴다고 보아야 한다. 베이컨의 우상론은 인간의 이성이 합리적이지만은 않다는 걸 보여 준다. 이성으로 얻은 지식을 과도하게 신뢰하는 것을 경계하는 것이기도 하다.[40] 우상에 빠지는 것에는 인간으로 태어나 인간으로서 세상을 보고 살아가기 때문에 어쩔 수 없는 측면도 있다. 인간이기에 갖게 되는 인식 특성일 수도 있다. 그렇다고 방치해야 할까? 아니다. 우리가 그런 우상에 빠질 수 있음을 인식하고, 그런 편견으로 우리의 사고가 오염되는 것을 경계해야 한다.

앞 장에서 살펴봤듯이 논증도 편견에서 자유롭지 못하다. 논증 구조를 갖춘, 얼핏 설득력이 높아 보이는 주장도 잘못된 논증인 경우가 많다. 일상에서 흔히 접하는 주장에는 잘못된 논증임에도 옳다고 착각하는 말이 많다. 논리학에서는 이를 오류라고 한다. 잘못된 논증임을 누구나 쉽게 아는 논증은 오류일지언정 그다지 해롭지는 않다. 논리적으로 틀렸지만, 심리적으로는 꽤 설득력이 있는 논증이 위험하다. 겉으로 보이는 설득력에 현혹돼 '고릴라'를 볼 수 없게 하기 때문이다.

이제 옳다고 생각하기 쉽지만, 편견이거나 오류에 불과한 것들을 살펴보자.

'보이스 피싱'은 검찰을 좋아한다

: 권위에 호소하는 오류

경찰이라고 밝힌 한 남자가 어느 패스트푸드 지점에 전화를 걸었다. 직원 중 한 명이 돈을 훔친 혐의가 있다며 조사하러 가는 중이니 그를 감금하라고 지시한다. 전화를 받은 부지배인은 지시대로 어린 임시직 여성을 사무실에 가두었다. 그 직원은 무고함을 주장했지만, 부지배인 등은 이를 받아들이지 않았다. 오히려 그들은 전화로 오는 지시를 받아 감금된 직원의 몸수색을 하고 심지어 매질을 하기도 했다. 그렇게 시간이 흘러도 정작 온다던 경찰은 오지 않았다. 장난 전화였다. 2004년 미국에서 실제로 있었던 일로 <컴플라이언

스>(compliance, 2012)라는 영화로 소개되기도 했다. 한국어로 하면 '맹종'쯤 되겠다.

부지배인은 왜 만난 적도 없는 남자의, 그것도 전화로만 전달되는 지시를 충실히 따랐을까? 경찰이라는 그의 말을 믿었기 때문이다. 경찰의 지시를 따르는 것이 시민의 의무라고 생각했고, 지시대로 하지 않으면 어떤 불이익이 있을지 두려운 마음도 있었을 게다. 그는 한 노동자, 여성의 인권을 침해하는 행위임에도 경찰이라는 권위에 복종한 것이다.

'스탠리 밀그램 실험' 이래 인간에게 권위에 복종하는 경향이 있음은 이제는 널리 알려진 일이다. 여러 심리학자의 다양한 실험을 통해서도 확인되고 있는데, 이는 권위가 있는 한 사회의 집단이나 개인의 말을 옳은지 그른지 검토하지 않고 그대로 믿고 따르는 심리나 태도라 할 수 있다. 우리가 복종하는 권위에는 경찰만이 아니라 전문가나 지도자, 유명인, 문헌 등 다양하다. 사람들은 의사나 박사의 말을 더 신뢰하며, 높은 지위에 있거나 널리 알려진 사람의 말을, 활자화되었거나 방송에 나온 말을 더 중요하게 여긴다. 텔레비전 방송에 출연하는 의사에게 진료실이 아님에도 흰 가운을 입게 하는 건 이 상징을 신뢰하는 대중의 심리를 고려한 것이다. '보이스 피싱'을 하는 사기 집단이 검찰이나 금융감독원 등 국가기관을 사칭하는 것도 같은 맥락이다.

이에 따라 권위에 복종하는 인간의 심리적 경향을 이용하는 설득 전략도 있는데, 이를 논리학에서는 '권위에의 호소' 라고 부른다. 사람들에게 신뢰도가 있는 권위에 의존해 주장의 정당성을 확보하려는 전략이다.

'4대강 살리기'가 오히려 강을 죽였다는 평가에 대해 이 사업을 추진했던 사람들은 이를 인정하지 않는다. 다양한 방식으로 4대강 사업의 정당성을 홍보하는데, "외국의 환경학자나 건축학자들도 4대강이 성공한 사업이란 것을 인정한다"[41]며 외국 학자의 평가를 인용하는 것도 빼놓지 않는다. 외국 학자나 국제기구의 말을 인용하는 것은 이들만이 하는 게 아니지만, 그렇다고 뉴스에서 보도한 주장을 올바른 논증이라고 할 수 있을까? 선진국의 학자라고 해서 그의 말이 모두 옳은 건 아니다. 더 중요한 것은 그들이 어떤 근거로 '성공'이란 평가를 했는지가 제시되어야 한다. 댐을 쌓아 강물을 가둔 게 성공이란 것인지, 물 관리에 나선 게 잘했다는 것인지가 저 주장에서는 분명하지 않다. 이들은 성공 평가의 근거로 유엔이나 OECD의 발표를 인용하지만, 이 자료들은 하천 복원 등의 정부 계획을 긍정적으로 소개하는 수준이란다.[42] 생태계 균형이 파괴되는 문제가 지적되기도 했지만 이를 인용하지는 않는다.

선진국 학자, 선진국 언론 등을 인용해 주장의 정당성을 설득하는 건 한국에서 흔한 일이다. 그런 인용 자체가 잘못된 일

은 아니다. 그러나 인용만으로 주장의 정당성을 인정받으려 하
거나 받아들이는 것은 합리적인 태도가 아니다. 신뢰할 만한,
적절한 인용인지를 살펴봐야 하고, 주장이 의존하는 '권위'만
이 아니라 다른 논거들로 정당성을 평가해야 한다. 권위에 호소
하는 논증을 비판적 검토 없이 수용하는 걸 베이컨은 '극장의
우상'에 빠졌다고 했다.

2008년 처음 실시된 우리나라 국민참여재판을 배경으로
한 <배심원들>(2019)이라는 영화에서는 사망자의 머리에 난
상처를 두고 장의사와 법의학자의 주장이 대립한다. 망치로 내
리친 상처라는 법의학자 증언을 장의사가 반박하지만, 재판부
는 법의학자의 증언을 채택한다. 재판부는 권위에의 호소 오류
에 빠진 걸까? 살인사건을 다루는 법정에서 정당한 절차를 거
쳐 선정된 법의학자의 증언을 받아들이는 걸 오류라고 할 수
는 없다. 나중에 법의학자의 주장이 틀린 것으로 밝혀진다 해
도 말이다.

권위를 믿는 것 자체를 오류라고 할 수는 없다. 사람들이 권
위 있는 존재의 말을 신뢰하는 건 자연스러운 일이다. 그래서
권위다. 해당 분야의 전문적인 지식과 경험을 갖춘 사람의 말
을 신뢰하는 게 이상한 선택은 아니다. 그 지식과 경험의 정도
가 공인된 것이라면 더욱 그렇다. 권위적 존재의 말에 따라 판
단을 하는 건 효율적인 선택이다. 판단에 이르는 복잡하고 어

려운 사유 과정을 거치지 않아도 되고, 그에 따른 심리적 부담에서 벗어난다는 점에서 편의성도 있다.

하지만 우리가 권위 있는 존재의 말에 따라 판단하는 것은 우리의 선택일 뿐 그 자체로 정당성이 논증된 게 아니다. '진리란 권위의 자식'이 아니다.[43] 주장이 옳은지 그른지는 권위의 크기로 결정되지 않는다. 제시된 논거로 검증되는 것이다. 권위에 호소하거나 이 호소를 수용하는 건 논증을 생략하고 이를 권위에 대한 신뢰로 대신하는 것이다. 효율성과 편의성이 있는 선택이나 오류 여부가 오로지 권위에 맡겨지는 위험이 있다. 논거를 대체하고 있는 권위가 무오류성을 확보하지 않는 한 말이다. 하지만 그런 절대적인 권위는 존재하지 않는다.

권위에 의존하는 논증은 우리 주변에서 흔하게 사용된다. 쉽고 호소력이 있기 때문이다. 대중에게 인기가 높은 연예인을 이용한 신제품 홍보도 권위에 의존하는 전략이라 할 수 있다. 효과가 꽤 있기에 기업은 막대한 돈을 들여 이들의 손에 상품을 맡기지만, 이미지로 만들어진 연예인의 인기와 이들이 홍보하는 상품의 신뢰성 사이에는 아무런 관계가 없다. 의료 드라마에서 실력 있는 의사 역할로 인기를 얻은 대중 스타일지라도 의약품의 치료 효과나 부작용에 신뢰할 만한 지식이나 경험이 있는 건 아니다. 합리적 권위가 없는 사람의 말을 근거로 주장의 정당성을 확보하는 것을 '잘못된(부적합한) 권위에 호소'하

는 오류라고 한다. 물론 상품을 파는 기업이야 논리적 정확성
보다는 광고 효과가 더 중요하겠지만 말이다.

동기와 결과, 무엇이 중요한가

: 의도 확대의 오류

한 마을에 치명적인 독을 지닌 코브라가 번성해 사람들이 물려 죽는 일이 자주 일어났다. 이 때문에 골머리를 앓던 당국은 코브라를 잡아 오면 포상금을 주기로 했다. 코브라를 잡아 개체수를 줄이면 그에 물려 죽는 사람도 줄어들 테니 말이다. 이 정책이 시행되면서 코브라가 주는 듯했다. 그러나 시간이 지나면서 코브라 개체는 오히려 늘어났고 포상금 지급 횟수도 증가했다. 도대체 무슨 일인가? 당국에서 조사해보니 사정은 이랬다. 포상금을 주니 이를 목적으로 코브라를 사육하는 사람들이 마을에 생긴 것이다. 당국은 포상금 지급 정책을 폐지했다. 그러자 사람들은 더는 경제적 이익이 없는 코브라를 숲에 풀어줬다. 마을에 출몰하는 코브라 수가 더 늘어났다.

영국이 인도를 식민 통치하던 때의 일이다. 어떤 문제를 해결하려는 행위(정책)가 역으로 그 문제를 악화시키는 현상을 두고 '코브라 효과'라고 한다. 이런 현상은 무수히 많다. 이스라엘의 어떤 놀이방에서는 부모의 지각을 줄이려고 한 벌금제가 오히려 지각을 늘어나게 했고, 참새를 없애 곡식 수확량을 증가시키려던 중국에서는 대규모의 아사자가 발생하기도 했다. 한국에서도 주택 가격과 전·월세를 안정화하겠다고 내놓은 '부동산 정책'이 되레 집값과 임대료를 올리는 현상을 일으키기도 한다. 미안하다는 사과가 오히려 상대의 화를 부추기는 일도 있지 않은가. 코브라 효과가 일어나는 원인은 다양하지만, 그 근저에는 의도(동기)와 결과는 다르다는 점이 있다.

동기가 좋다고 해서 반드시 좋은 결과가 나오지는 않고, 의도와 상관없는 결과도 나온다. 의도와 결과는 왜 다른가? 동기가 행위 주체의 주관에 속하는 거라면, 결과는 실제로 나타나는 객관적인 것이다. 어떤 행위가 결과를 낳는 데에는 해당 행위만 작용하는 게 아니다. 결과에 이르는 과정에는 나와 같거나 다른 의도를 가진 사람들의 행위를 비롯해 수많은 변수가 영향을 준다. 그래서 진인사대천명盡人事待天命이란 말이 나온 거다. 사람이 의도한 대로 결과가 나온다면 구태여 하늘의 결정을 기다릴 필요가 있겠는가.

동기와 결과의 차이는 인생사의 어려움을 상기시켜 주지만, 개인이나 집단의 행위, 국가의 정책 등을 평가하는 일이 간단하지 않음을 생각하게 한다. 세상의 일 중에는 동기나 결과 중 하나를 중심으로 평가하는 게 적절한 때도 있지만, 그렇게 해서는 올바로 평가할 수 없는 일이 많다. 대입 수능 고사와 취업이나 자격을 얻는 각종 시험제도는 오로지 성적이라는 결과만을 평가한다. 어떤 목적으로 응시했고 얼마나 간절한 마음으로 준비했는지는 전혀 고려하지 않는다. 반면에 사람 몸에 칼을 대는 행위는 결과가 같다고 해도 동기가 무엇이냐가 중요하다. 살해나 상해의 목적인지 치료를 위한 것인지에 따라 평가가 전혀 달라진다. 세상에는 동기나 결과 중 하나가 아닌 그 둘을 균형 있게 보아야 하는 일이 더 많다. 사회나 환경 등에 영향을 주는 행위들은 특히 더 그렇다.

동기주의, 결과주의는 각각 하나의 기준에서 평가하는 태도나 경향을 말한다. 말 그대로 동기주의는 행위가 이루어진 동기를 중심으로, 결과주의는 그 행위의 결과를 중심으로 평가하는 것이다. 그렇다고 동기주의자나 결과주의자가 따로 있는 건 아니다. 상황에 따라 자신에게 유리하거나 적절하다고 보는 평가 기준을 선택해서 의견을 제시하는 경우가 대부분이다.

2019년 한국 법원이, 일본 기업은 일제강점기 징용 노동자에게 배상하라고 결정을 내리자 일본 정부는 이른바 수출 규제 조치를 취했다. 한국 경제와 산업에 큰 영향을 주는 제품의 수출을 막은 것이다. 한일 관계는 급격히 얼어붙었고, 이를 둘러싼 논쟁도 일어났다.

> **A** 일본 정부의 수출 규제 조치는 경제에 타격을 줘서 한국 법원의 결정을 무력하게 만들려는 의도로 행해진 경제 보복이다.
>
> **B** 과거사에 관한 외교적인 문제가 원인이고 이를 해결하기 위한 것이기 때문에 외교적인 보복이라 할 수 있어도 경제 보복은 아니다.[44]

한 라디오 방송에서 있던 논쟁을 대비시킨 것이다. A는 일본의 조치가 실제로 이루어진 것에 맞춰 평가하는데 반해, B는 일본의 의도가 무엇이냐를 기준으로 평가하고 있다. 한국 경제에 타격을 주는 조치이지만 그 동기는 법원 판결을 '외교적으로 해결'하는 데 있다는 것이다. 같은 사건을 두고 다른 관점에서 평가하는 것을 알 수 있는데, 평가 기준이 다르니 두 사람의 주장은 합일점을 찾기 어렵다.

평가 기준이 대립하는 데에는 시각의 차이만이 아니라 개인 혹은 집단의 이해관계도 작용한다. A는 한국의 방송 진행자

이고, B는 일본 기자다. B는 이 논쟁에서 일본이 준 '3억 달러'가 어떤 명목이었든 오늘날 한국의 발전에 이바지했으니 일본 정부는 할 바를 다한 것이라는 논리를 펴기도 한다. 식민지 지배의 동기는 감추고 일제 통치가 이후 한국의 근대화 발전의 토대가 되었다는 주장처럼 이 경우에는 결과주의를 선택한다. 이처럼 어떤 사건을 어떤 관점에서 평가하느냐는 매우 복잡하고 민감한 문제다. 의도적이든 아니든 어느 한쪽만을 중심으로 평가하면 갈등이 발생할 수 있다.

동기와 결과가 일치하지 않을 수 있기에 둘의 관계를 잘못 이해해서 범하는 오류도 있다. '전쟁은 과학 기술을 발전시킨다. 과학 기술이 발전하려면 전쟁은 불가피하다.' 이 주장에는 어떤 문제가 있을까? 이는 결과에 맞춰 동기를 설명하는 '의도 확대의 오류'다. 흔히 말하는 결과론과 비슷하다. 전쟁 과정에서 과학 기술이 발전했다고 해도 이를 목적으로 일어난 전쟁은 없다. 전쟁이라는 행위는 그 과정에서 동기와 상관없는, 예측되지 않은 수많은 일을 초래하는데, 그중 한 가지를 의도한 결과라고 말하는 건 잘못된 평가일 뿐만 아니라 전쟁을 미화하는 일이 된다.

동기주의가 좀 더 극단으로 치우치게 되면 동기에 맞춰 결과를 설명하는, 즉 좋은 동기를 내세워 안 좋은 결과를 정당화하는 오류도 일어난다. 결과야 어찌 됐든 동기가 옳으면 문제가 없다는 태도다. 상대의 고통은 아랑곳하지 않고 '다 너를 위해서야'라고 선의善意만을 강조하거나, 대의나 신념만을 내세워 현실 조건과 변화를 고려하지 않는 태도가 이에 해당한다.

　인간의 대부분 행위는 그 정당성이나 타당성을 판단할 때 동기와 결과로 구분해서 평가한다. 어떤 행위를 평가하는 데 그 기준으로 동기를 보아야 할지, 행위의 결과를 보아야 할지는 간단한 문제도 아니지만, 논란을 낳는 이유이기도 하다. 주장이 대립하는 경우를 보면 이 평가 기준이 서로 달라 발생하는 게 적지 않으며, 의도적으로 자기주장을 관철하려고 동기나 결과의 한 측면만을 강조해 말하는 경우도 많다. 따라서 어떤 행위에 대한 평가가 적절한 기준으로 이루어졌는지는 비판적 사고가 필요하다. 평가 기준을 잘못 선택하거나, 동기나 결과의 어느 한쪽으로 치우친 관점에서 이루어진 평가인지 검토해야 한다.

악마의 증명

: 무지에의 호소

중국 여행을 다녀온 한 시민이 미열이 있어 보건소 선별진료소를 찾아가 코로나19 검사를 했으나 해당 바이러스는 검출되지 않았다. 음성 판정을 받은 그는 자유롭게 일상생활을 했다. 하지만 몸의 이상 증세가 계속되고 기침이 심하게 나자 그는 다시 검사를 받았고, 이번에는 양성 판정을 받았다. 이 경우 첫 번째 검사에서 '코로나19 바이러스가 검출되지 않았으니 코로나19에 감염되지 않은 것이다'라는 판단은 오류일까?

결과적으로는 실패한 검사(검사에 잘못이 있다는 뜻은 아니다)가 됐지만, 바이러스가 발견되지 않았기에 감염자가 아니라고 판정한 걸 오류라고 할 수는 없다. 코로나19의 감염 여부는 그 바이러스의 존재로 입증하는 것이 현재로서는 가장 과학적인 방법이다. 물론 이는 검사 과정에 잘못이 없었음을 전제로 한다. 어떤 일이 일어났다는 증거가 없으므로 그 사건이 일어나지 않았다고 판단하는 것은 합리적인 사고다. 앞에서 보았듯이 모든 일에는 인과가 있고, 하나의 사건은 또 다른 사건을 일으킨다. 하나의 사건이 남긴 흔적이 우리에게 그 사건이 일어났음을 알 수 있는 단서와 증거가 된다.

다른 상황을 생각해보자. 코로나19가 유행하기 시작한 본국을 다녀온 외국인 유학생이 개강에 맞춰 돌아왔다. 그는 2주 동안 '자가 격리'를 했고, 다행히 아무런 증세가 없어 외출하려고 집을 나섰다. 그런데 아파트 주민들이 그의 외출을 저지했다. 자가 격리를 했어도 바이러스가 없다고 확신할 수 없으니 외출해서는 안 된다고 했다. 아파트 주민들의 행동은 옳을까? 주민들의 판단을 정리하면 '바이러스에 감염됐는지 아닌지 알 수 없다. 그러므로 감염 가능성이 있다'라고 할 수 있다.

무지에 호소하는 논증은 '어떤 일이 없다는 것을 증명하지 못하면 그 일은 있는 것'이라는 방식의 논증을 말한다. '무지無知', 즉 알지 못함을 근거로 한 논증이란 뜻으로 '신/외계인이 없다는 증명을 하지 못하니 신/외계인은 존재한다'의 예로 소개되기도 한다. 이를 '악마의 증명'이라고도 한다. 어떠한 사실이 존재하지 않음을 증명하는 것은 불가능한 일인데, 그 어려운 걸 해내라고 요구하니까 말이다. 무지에 호소하는 논증은 논리적으로 오류다. 주장의 정당성은 그 주장을 뒷받침하는 논거로 이루어진다. 신이나 외계인은 그것이 있다고 주장하는 사람이 그 증명을 해야 한다. 그런데 이 입증의 책임을 상대에게 떠넘겨 설득 상대의 '무지 또는 무능'을 논거로 주장의 정당성을 확보하려는 것이 무지에 호소하는 논증이다.

바이러스 위험 지역을 다녀왔으니 감염을 의심할 수는 있다. 그래서 자가 격리를 하는 것이다. 보건 당국이 정한 검증 기간을 통과했음에도 감염이 의심된다면 이를 입증할 책임은 의심하는 쪽에 있다. 그 증명 없이 의심만으로 출입을 차단하는 건 논리적으로 오류며 그 귀결은 인권 침해다. 물론 이 경우 아파트 주민들의 판단에 영향을 미치는 것은 논리적 정확성보다는 안전의 두려움이다. 공포에 빠진 상황에서 사람들은 감정에 치우쳐 판단하는 경우가 많은데, 무지에 호소하는 논증은 그런 상황에서 더 설득력이 있다. 공포에 따른 편견과 판단을 합리적인 것으로 보이게 한다. 무지에 호소하는 논증은 혐오나 증오에 편승해 설득력이 높아지기도 한다.

인도적이니 경제협력이니 하며 북한에 지원한 물자들이 핵무기 개발에 사용되지 않았다는 증거가 없다. 북한에 대한 지원은 우리를 겨냥하는 핵무기를 만들도록 퍼주는 것과 다르지 않다.

북한은 어떤 일도 벌이는 집단이라는 인식이 널리 퍼진 조건에서 저런 주장을 사람들은 쉽게 받아들인다. 북한에 하는 어떠한 지원도 결국은 그들이 핵무기를 개발하는 능력을 직간접으로 키워 주는 것이니 아무것도 지원하면 안 된다는 생각은 북한 혐오와 핵무기의 공포가 결합해 힘을 얻는다. 무지에 호소하는 논증은 그 논리적 도구가 되어 준다.

무지에 호소하는 논증은 오류다. 그러나 형식적으로는 오류로 보이나 오류라고 할 수 없는 예도 있다.

B는 아버지를 살해한 혐의로 기소된 청년의 재판에 배심원이 됐다. 사건 당시의 정황을 볼 때 유죄가 유력해 다른 배심원들은 유죄 의견을 냈지만, B는 검사가 제시한 증거로는 피고가 해당 범죄행위를 했는지 확신할 수 없었다. B는 무죄 의견을 냈다.

B의 판단은 '유죄를 확인할 수 없다. 그러므로 무죄다'라고 할 수 있다. 이는 무지에 호소하는 오류일까? 재판에서 피고의 죄를 입증할 책임은 검사에게 있다. 피고가 자신의 무죄를

입증해야 하는 게 아니다. 판사나 배심원은 검사가 제기한 공소 사실이 입증되지 않으면 유죄로 판결할 수 없다. 피고가 무죄라는 확신이 없어도 마찬가지다. 그것이 민주주의 법치국가에서 추구하는 재판 원칙이다. 유무죄가 의심스럽다면 '의심스러운 때에는 피고인의 이익으로in dubio pro reo'라는 원칙에 따라 피고에게 유리하게 판결하는 것이다. 따라서 이 경우는 무지에 호소하는 논증의 오류를 범한 것이 아니다.

> 새로 나온 스마트폰을 구입한 C는 이를 사용하던 중 배터리 폭발로 부상당했다. 그는 제조사에 손해배상을 요구했으나, 제조사는 스마트폰 생산과정의 결함을 증명하라며 배상을 거부했다. C는 역으로 제조사에 생산과정에 문제가 없다는 증명을 요구하며 소송을 제기했다.

제조사의 주장은 '생산과정의 잘못이 증명되지 않았다. 그러므로 배상 책임이 없다'이다. 반대로 C는 '생산과정에 잘못이 없음이 증명되지 않는다면 기업은 배상 책임이 있다'라는 주장이다. 누구의 주장이 맞을까? C는 무지에 호소하는 오류를 범한 걸까? 기업이 생산한 상품을 구입해 사용하다 피해를 입은 경우, 피해자는 그 제품을 사용하면서 기업이 정한 방법을 어기지 않았다면 해당 기업에 손해배상을 요구할 수 있다. 이때 피해자는 자신이 입은 피해가 해당 제품의 사용과 관계가 있음을 입증해야 하나, 제품 생산과정에서 잘못이 있는지를 증명할 책임은 없다. 오히려 기업이 제품의 생산과정에서 법적 및 기술적으로 잘못이 없음을 입증해야 배상의 책임에서 벗어날 수 있다.[45] 이른바 무과실 증명의 책임이 제조사에 있는 것으로, 따라서 C의 판단은 무지에의 호소 오류가 아니다.

의료사고 재판에서도 진료한 의사에게 무과실 증명을 요구하는 경우가 있다. 이와 같은 무과실 증명은 소비자를 보호하려는 것이다. 소비자는 상품 제조와 진료 과정의 전문적 지식을 갖추지 못하고 정보 접근성도 낮아 피해를 본 경우 기업이나 의사의 과실을 입증하기 어렵기 때문이다. 이런 조건에서 '과실 없음이 증명되지 않았다면 과실이 있는 것이다'라는 판단은 무지에 호소하는 오류를 범했다고 보지 않는다.

외형적으로 무지에 호소하는 논증으로 보인다고 해서 이를 모두 오류라고 할 수는 없다. 상황과 맥락에 따라 판단해야 한다. 아무래도 입증의 책임이 누구에게 있는지가 중요할 텐데, 이는 사회 변화와 관련이 있다. 기업 등에 무과실 증명을 요구하는 건 시민과 소비자의 권익을 중시하는 시대 흐름이 반영된 것이다. 그리고 논거가 되는 '무지'가 적절하고 충분한 조사를 거친 것인지도 보아야 한다. 특정 개인이나 집단의 무지가 아닌 사회적 객관성이 있어야 한다.[46]

'연대책임', 연좌제 혹은 전체주의

: 결합 및 분해의 오류

육군의 어느 부대에서 일어난 일이다. 일부 병사가 영내에서 휴대전화를 사용하다 적발됐다. 휴대전화 사용 수칙을 위반한 것이다. 이에 부대장은 군 기강이 해이해졌다는 이유로 장병 300명을 연병장에 집합시켜 새벽 1시까지 얼차려를 지시했다. 앉았다가 일어서기를 반복하고, 수십 차례에 걸쳐 선착순 달리기도 시켰다.[47] 곤히 자다 끌려 나온 병사들의 원망은 누구를 향했을까? 통화하다 적발된 병사, 입에서 술 냄새나는 부대장, 아니면 둘 다?

일과 시간이 아닌 취침 시간에 얼차려를 주는 건 규정 위반이라는 비판이 나왔는데, 합법적인 시간에 준 얼차려라면 아무런 문제가 없는 걸까? 언론에 보도되지 않았을 뿐 이와 비슷한 일은 군대에서 흔한 편이다. 군 간부를 육성하는 육군사관학교에서도 있다는데 구성원 일부의 잘못을 집단 전체에 묻는 이른바 연대책임은 군대 문화인 것 같다. 그 문화의 영향을 받아서인지 사회에서도 어렵지 않게 볼 수 있다. 상을 줄 때는 '연대책임'을 묻지 않으면서 개인의 잘못이 명백한 일을 집단 전체가 책임지게 하는 이유는 통제의 효율성 때문인 듯하다. 부대장의 행동을 다른 각도에서 살펴보자.

부대장으로서 자신이 지휘하는 부대의 기강을 지키는 행동이 문제일 리는 없다. 방법이 적절했는지는 다른 문제다. 부대원 모두에게 얼차려를 줘야 한다고 판단한 근거는 무엇일까? 일부 병사의 규칙 위반이다. 언론 보도만으로는 '일부'가 어느 정도인지 불명확한데, 부대 전체의 기강에 문제가 있다고 판단할 만한 표본으로써 적절한 사례가 수집된 것인지에 따라 평가는 달라질 수밖에 없다. 만일 극히 일부 병사의 규칙 위반을 근거로 부대원 모두의 군기軍紀 해이를 판단했다면 이는 '성급한 일반화'의 오류를 범한 게 된다. 잘못된 귀납 추론을 한 것이다.

부대의 기강 해이 판단과 상관없이 개인의 잘못을 이유로 부대원 모두에게 얼차려를 주는 연대책임을 지시한 건 개인의 책임은 모두의 책임이라는 판단 때문이다. 이는 논리학적으로 '결합(합성)의 오류'를 범한 것이라 할 수 있다. 결합의 오류는 부분(개체)에서 참이라고 해서 그 전체도 참이라고 오해하는 걸 말한다. 수소와 산소가 기체라고 그 결합물인 물도 기체라고 판단하는 것과 같다. 이는 전체와 부분의 관계를 오해한 것이다. 전체와 부분은 서로를 전제하는 개념으로서 부분은 전체와 연결되어 있고, 전체는 부분을 포함하고 있지만, 그렇다고 전체나 부분의 특성이 반드시 일치하지는 않는다. 부분의 특성이 곧바로 전체의 특성이 되는 것은 아니다.

병사 개인은 소속 부대의 한 구성원이며 동료들과 밀접하게 연결되어 있기는 하다. 그렇다고 해서 그의 잘못을 부대원 모두가 책임져야 할까? 개인의 행동이 부대원 전체와 연관된 사안이 아닌 한 그의 행동은 그 개인의 책임이다. 개인 잘못을 전체의 책임으로 '결합'하게 되면 구성원들은 자신이 아닌 남의 행동까지도 책임을 지게 된다. 우리 사회에 퍼져 있는 연대책임은 대한민국이 헌법에서 천명하는 자기 책임의 원리와 배치되는 악습으로, 이는 사실상 연좌제에 불과하다.

수년 전에 해병대 헬리콥터인 마린온 한 대가 추락하는 사고가 일어났다. 그러자 정부는 모든 마린온은 물론 그 모체인 수리온까지 운항을 중지시켰다.[48] 이 역시 같은 오류일까? 헬리콥터 한 대가 추락했다고 같은 기종 헬리콥터 전체의 운항을 중지시켰으니까. 한 대의 사고, 즉 부분의 문제를 전체로 '결합' 시켜서 대응하는 이유는, 사고 원인이 기체 결함에 있으면 동일한 설계와 부품으로 만든 기종 전체에서 동일한 사고가 날 가능성이 있기 때문이다. 그래서 조사 결과가 나올 때까지 모두 운항을 중지시키는 것이다. 이를 두고 결합의 오류를 범했다고 하지 않는다. 전체가 부분의 단순 총합인 경우, 부분의 속성은 전체의 속성일 수 있기 때문이다.

　바둑알이 들어 있는 통에서 하나를 꺼냈을 때 검은 돌이면 우리는 그 통에 있는 바둑알을 모두 '흑黑'이라고 추론한다. 누가 일부러 흰 돌과 섞어 놓지 않았다면 이 추론은 참이다. 그뿐만 아니라 하나의 검은 돌이 무엇으로 만들어졌는지를 알게 되면 같은 통에 있는 바둑알 전체의 속성도 추론할 수 있다. 개인과 집단의 관계를 한 통 속의 바둑돌과 같다고 생각하면 연대 책임은 당연한 조직원리가 되겠지만, 그런 사고를 전체주의라 부른다.

　자, 검은 바둑알 통 옆에 또 다른 바둑알 통이 있다. 거기에서 하나를 꺼낸다고 할 때 그것의 색과 재료가 무엇인지 추론할 수 있을까? 알파고가 아니더라도 그것은 흰 바둑알 통이고, 그곳에서 나온 돌의 속성도 알 수 있다. 이 경우에서도 전체의 속성은 그대로 부분의 그것이 되니까. 하지만 한 통 속의 바둑알과 같은 관계가 아니라면 전체의 속성을 그대로 부분에 적용해 판단하는 건 오류다. 이를 분해(분할)의 오류라고 한다. 앞의 예로 설명하면, '물은 액체다. 그러므로 물을 구성하는 수소와 산소도 액체다'라고 하는 형식의 오류다.

물로 불을 끌 수 있다고 해서 거기에 수소와 산소를 뿌리면 안 된다는 것은 누구나 알지만, 현실에서는 이런 분해의 오류가 일어난다. 위대한 인물이라고 해서 그의 모든 행동이 위대하지는 않은 법[49]인데, 우리는 영웅적 행동을 했거나 인기가 많은 인물의 모든 면을 그렇게 보려 하는 경향이 있다. 물론 그 반대의 경향도 있다. 이 역시 분해의 오류가 아닐까?

특히 '평균의 덫'에 빠지면 분해의 오류를 일으킬 가능성이 크다. 대푯값으로서 평균을 전체의 속성으로 이해하면서 개별 요소(부분)도 당연히 그렇다고 판단하는 것이다. 이런 경우 평균과 다른 특성을 가진 개체가 나타나면 이를 이해하지 못하고 부정 혹은 공격하는 것으로 대처하게 된다. 사고의 오류를 살피기보다는 평균과 다른 특성의 대상을 일탈이나 비정상적인 것으로 배척하는 것이다. 편견과 혐오는 이렇게 형성된다. 평균적인 삶의 방식이나 관점이란 상대적으로 다수의 사람이 영위하는 것을 말할 뿐이다. 인간의 성을 이성애異性愛로 전체성을 규정하고 개개인의 성적 특성을 이 기준으로 파악하는 걸 고집하는 사고에서 세상은 '변태'와 '사탄'이 활개 치는 말세末世로 보일 수밖에 없다.

혐오는 인간 본성이니 정당하다?

: 발생적 오류

    코로나19 바이러스가 세계적으로 창궐해 환자와 사망자가 늘어갈 때 서구 사회에서 중국과 한국 등 동양인을 차별하고 공격하는 일도 늘었다. 동양인을 바이러스 전파자로 규정하고 폭행하기도 했다. 그뿐만 아니라 중국에서도 한국인을, 한국에서는 중국인을 배척하는 사례가 종종 언론에 보도되었다. 사회 일부에 잠복해 있던 외국인을 차별하고 편견으로 대하는 의식이 '팬데믹'의 두려움과 결합해 표출된 것이다. 증상 없는 감염자도 있기에 방역을 철저히 하는 것과는 별개로 외국인을 향해 무차별적인 적대 태도를 보이는 이유는 무엇일까?

두려움 때문에 원망의 대상을 찾는 것일 수 있다. 불행한 일을 당하면 그 불행을 자신이 아닌 다른 누군가의 책임으로 떠넘기는 사람들이 있다. 원망의 대상을 찾아 그를 탓함으로써 자신은 무고한 희생자가 되고, 불안한 마음을 억울함으로 바꿔 위안으로 삼는 것이다. 효과가 있을지 몰라도 합리적이지 않고 추한 행동이다. 그런 비난을 의식해서인지 외국인을 향한 편견과 혐오가 자연스러운 인간 본성이라는 주장도 있다. 본성에 따른 행동이니 뭐라 할 수 없다는 것인데, 과연 그럴까?

하나의 생물종으로서 인간의 역사는 질병과 투쟁의 역사이기도 하다. 질병은 인간 개인은 물론 집단의 유지와 발전을 가로막는 요인이었다. 하지만 이를 억울해 할 수 없는 것이 인간 사회에 병원체가 침입한 게 아니라 바이러스 등 수많은 미생물의 서식지에 인간이 삶의 터전을 만들어 왔기 때문이다.[50] 이들은 인간은 물론 포유류가 등장하기 이전부터 지구 생태계를 이루고 있었다. 다양한 지역에서 인간 집단은 그곳의 토착 미생물들과 숙주와 기생체의 관계를 맺게 되고 이로써 인간의 면역계가 발전해 왔다. 이런 조건에서 낯선 외부인의 등장은 한 집단의 면역계가 경험하지 못한 새로운 병원체가 들어오는 것이어서 이방인을 기피하는 정서가 자연스럽게 형성되어 왔다는 게 진화심리학의 설명이다. 시체나 배설물, 상한 음식 등을 역겨워하는 심리가 건강과 생명을 지키려는 심리 기제인 것처럼,

외부인을 혐오하는 건 낯선 병원체를 피하려는 진화 과정에서의 심리적 적응이라는 것이다.[51]

하지만 혐오가 인간 본성 속에 있다고 해서 우리가 혐오를 당연한 것으로 받아들여야 하는 건 아니다. 이방인을 혐오하는 것이 인간의 진화과정에서 형성된 자연스러운 본성이라고 해서 외국인들을 배척하고 차별하는 것이 정당하다고 할 수는 없다. 그것이 본성이라면 어쩔 수 없는 게 아니냐고 할 수도 있겠지만, 이 주장에는 논리적 오류가 있다.

외국인 혐오의 정당성을 인간 본성에서 찾는 건 발생적 오류다. 이는 주장이나 사물의 평가를 그것이 시작된 때의 특성에 따라 판단하는 것이다. 어떤 주장이나 사물의 정당성 여부를 그것의 기원에서 찾는 것이다. 세상 모든 것이 변화 속에 있듯이 주장이나 사물도 그 근원이 무엇이든 변할 수 있는데, 이 변화를 무시하고 과거의 상태 속에서 평가하는 오류다. '개구리는 올챙이가 성장한 것이다. 그러므로 개구리는 물에서 살며 아가미로 호흡을 한다.' 올바른 주장이 아니다. 개구리만이 아니라 변태를 하면서 성체가 된 동물의 특성을 그 출발점에서 판단하는 것은 잘못으로, 발생적 오류는 그 점을 지적하는 개념이다. 아, "개구리 올챙이 적 생각 못 한다"라는 속담은 형편이나 처지가 나아진 사람이 처음부터 그랬던 양 우쭐거릴 때 이를 비난하는 비유일 뿐, 현재의 개구리를 올챙이로 평가하라는 뜻은 아니다.

외국인 혐오가 인간의 본성 속에 있는 것, 즉 혐오의 기원이 진화에 있다고 해서 그것만으로 혐오가 불가피하거나 정당하다는 근거가 되지는 않는다. 외국인 혐오가 본성을 통해 정당화되려면 현재의 인간 생존 조건에서도 그에 따른 대응이 필수 불가결하다고 말할 수 있어야 한다. 초기 인류의 생존 조건에서 배태된 특성이 우리 몸에 새겨져 있다고 해도 현재의 인간은 다른 조건에서 살고 있다. 적어도 역사 이래로 인간은 서로 집단적인 전쟁을 벌이는 때도 있었지만(혐오가 원인일까?), 다양한 외국인들과 교류하고 협력하기도 했다. 인류의 '대발생'은 그래서 가능한 것이다. 공감과 협력도 인간 사회를 유지 발전시켜 온 본성[52]이라는데, 그중 굳이 혐오만을 강조하는 걸 본성에 충실한 태도라고 할 수는 없다.

인간 본성에서 외국인 혐오의 정당성을 찾는 태도는 진화심리학을 잘못 이해한 것이다. 진화심리학의 설명은 인간에게서 나타나는 특성을 초기 인류의 생존 조건과 적응 과정으로 이해하려는 하나의 시도일 뿐이다. 진화 과정이 그렇다는 것이지 결코 혐오가 필연적이라거나 정당하다는 주장이 아니다. 인간이 자신 앞에 전개되는 상황을 차별과 혐오로 대응하는 것이 우리의 뇌, 유전자에 프로그래밍되어 있다고 해서, 낯선 존재, 낯선 상황에 대한 본능적인 경보가 그렇게 울린다고 해서,

우리의 행동이 경보음대로 이루어지는 것은 아니다. 경보음의 진위는 물론 그 배경과 맥락을 판단하는 이성적 사고로 합리적 대처를 모색하는 것이 '인간다운' 행동이다.

발생적 오류는 현재를 평가하려고 과거를 끌어오는, 역사적 설명을 시도하는 것처럼 보이나, 실제에서는 상대를 배척하고 차별하는 것을 정당화하려는 언설인 경우가 많다. 석기시대(혹은 중세에서)의 성별 분업을 근거로 현대 여성의 사회 활동을 규정하려는 시도나, 인간의 성性을 생물학적 측면에서만 이해하는 것도 그런 사례에 해당한다. 과거 공동체에서 여성의 역할이 가사와 양육이었다고 해서 이를 여성의 본분이라고 하는 주장은 여성의 사회 진출을 혐오하기 때문이다. 또 인간 성의 태초 특성을 거론하는 것은 다수의 성적 정체성을 정상으로 삼아 이 기준에서 벗어난 이들을 배척하는 생각이 앞서기 때문이다.

대한민국 정부 수립기의 역사에는 '폭동', '반란' 등으로 불리는 사건이 많다. 여수·순천, 제주 등 지명이 붙은 이런 사건들은 해방 후 격렬했던 좌우 대립과 관련되어 있고, 한국전쟁 이후 강력한 반공 국가를 지향해 온 영향으로 역사적 평가가 일방적이었다. 그 때문에 수많은 민간인 희생자와 그 후손은 폭도와 빨갱이로 낙인찍혀 숨죽이며 살아야 했다. 민주화의 진전과 함께 이 사건들이 재조명되면서 희생자의 명예 회복이 추진되고 있지만, 한편에서는 반발하는 목소리도 그치지 않고 있다. '좌익이 일으킨 반란에 명예 회복 운운하는 건 국가 정체성을 훼손하는 일'이라는 것이다. 그러나 발생 시점에서의 성격만으로 이 사건들을 규정하면 진상을 제대로 이해하기 어렵다. '좌익 준동'으로 일어난 사건이란 점이 변하지 않더라도 진행 과정에서 나타난 '양민 학살'이라는 국가 폭력의 측면을 놓칠 수 있다.

한 개인을 과거의 행적으로만 평가하는 것도 발생적 오류에 해당할 수 있다. 학생운동을 하던 시기에 북한에 우호적이었다고 중년의 정치인이 된 현재에도 그를 '주사파'니 '종북'이니 하는 것을 우리 정치에서 흔히 볼 수 있다. 하지만 한 사람의 현재를 과거와 연결해서 평가하려면 단지 그가 과거에 이런 사람이었다는 것만으로는 부족하다. 과거와 현재 사이에 연속성이 있어야 한다. 과거의 어떤 관점과 태도가 이후에도 지속되어 현재에도 그것이 유지된다는 논증이 있어야 한다.

똥 묻은 개는 겨 묻은 개를 나무랄 수 없나

: 피장파장 오류와 인신공격의 오류

"똥 묻은 개가 겨 묻은 개 나무란다." 겨는 쌀 같은 곡물의 껍질을 말하는데, 길거리에서 똥도 겨도 비교적 쉽게 볼 수 있던 시절에 나온 말이다. 하지만 자신의 큰 허물은 생각하지 않고 남의 작은 허물을 비난하는 행태는 지금도 있기에 여전히 사용되는 속담이다. 자신의 코에 묻은 겨를 두고 '지적질'하는 이의 코에서 똥을 본다면 그런 지적은 아무런 효과가 없을 것이다.

그런 점에서 속담은 비판의 자격을 문제 삼는다. 제 허물은 돌아보지 않고 남의 잘못을 비판하는 사람에게 '너나 잘해!'라고 역으로 지적하는 것이다. 자격 없는(부족한) 비판자의 뻔뻔함을 공격한다는 점에서 통쾌한 맛은 있지만, 이 속담에서 좀 더 생각해볼 게 있다. 비판의 자격에 문제가 있다고 해서 비판의 내용도 잘못된 것일까 하는 점이다. 자신의 허물을 돌아보지 않는 '똥 묻은 개'의 태도는 잘못이지만 그렇다고 상대에게 '겨'가 묻었다는 사실이 사라지지는 않는다. 비판자의 태도나 자격을 문제 삼는 것과 비판 내용이 사실인지는 다른 문제다. 이를 구분하지 않으면 어떤 문제가 있을까?

수년 전에 이른바 '여대생과 아나운서 성희롱' 발언으로 재판을 받은 국회의원이 있었다. 1심에서 유죄를 선고받은 뒤 국회는 그의 제명안을 표결에 부쳤다. 표결에 앞서 반대 토론에 나선 같은 당 동료 의원 A의 발언이 논란이 됐는데, 그는 간음죄로 끌려온 여인을 돌로 치려 하는 내용의 성경을 인용하며 이렇게 말했다.

"예수께서 '너희 가운데 죄가 없는 사람이 이 여인에게 돌을 던져라'라고 말씀하셨습니다. 여러분은 ○○○ 의원에게 돌을 던질 만큼 떳떳하고 자신 있는 삶을 살아왔습니까? 저는 그럴 수 없습니다. 이정도 일로 ○○○ 의원이 제명된다면 이 자리에 남아 있을 국회의원이 얼마나 될까요?[53]

국회에서 그의 발언이 알려지며 성경을 왜곡하고 모독했다는 기독교인들의 비난도 있었지만, 우리의 관심을 끄는 건 돌대신 표를 가진 국회의원들을 향해 반대를 설득하는 그의 논리다. A는 제명 반대를 주장하며 그 이유로 ○○○ 의원이 범한 잘못 정도는 다른 의원들도 저지를 수 있고, 의원 모두 동료를 심판할 만큼 떳떳하지 못하다는 점을 제시했다. 그의 '폭로'대로 대한민국 국회의원의 도덕성 수준이 낮다고 해도 ○○○ 의원이 성희롱 발언을 한 게 사실이라면, 국회는 그의 행위가 의원으로서 징계를 받아야 할 사안인지를 심의해야 한다. 하지만 A는 이보다는 의원들의 심의 자격을 문제 삼았다.

A의 주장이 안고 있는 논리적 문제를 '피장파장의 오류'라고 한다. 피장파장이란 누가 더 낫고 못함이 없이 비슷한 상태나 처지를 말한다. 피장파장의 오류는 상대 혹은 다른 사람에게도 비슷한 문제가 있다는 주장을 통해 누군가의 잘못을 정당화하는 걸 말한다. 잘못을 비판하는 것에 대해 상대의 허물을 들취냄으로써 피장파장, 즉 누가 옳고 그름을 따질 수 없는 상태로 만드는 것이다. 듣기에 그럴듯하지만, 논리적으로는 오류다.

제명안은 어떻게 됐을까? 논리적으로 오류가 있으니 A의 주장이 관철되지 못했을까? ○○○ 의원 제명에 찬성표를 던질 만큼 떳떳하지 못한 의원들이 많아서인지 이 안건은 부결

됐다. 동료애나 정파적 이해 때문이 아니라 A의 주장에 동조한 거라면 그들 역시 피장파장의 오류를 범한 것이다. 이 경우로 보면 피장파장의 오류는 비판자(평가자)의 자격을 부각함으로써 비판 자체를 무력화하고 비판이 지적하는 쟁점을 덮어버리는 문제가 있음을 알 수 있다.

피장파장의 오류가 잘못된 논증인 것은 어떤 주장을 그 내용으로 평가하는 게 아니라, 그 주체의 특징이나 조건의 문제로 바꿔버리기 때문이다. 말이 옳으냐 그르냐를 따지는 대신 말 하는 사람을 문제 삼는 것인데, 이런 태도를 통틀어 '사람에의 호소'라고도 한다. 논리의 문제를 사람의 문제로 전도시킨다는 의미다. '인신공격의 오류'도 그중 하나다. 실제로 사람의 몸人身을 공격한다는 뜻이 아니라 누군가의 주장을 그 내용이 아닌 그의 성품이나 신분, 지위로 평가한다는 의미다. 말하는 사람의 문제점을 거론함으로써 상대 의견의 신뢰성을 떨어트리는 것이다. 이는 아리스토텔레스가 말한 에토스를 약화시키는 것으로 법정 드라마에서 흔히 볼 수 있다.

예전에 가정과 직장에서 여성이 어떤 의견을 낼 때 "여자가 뭘 안다고"라고 핀잔을 주는 경우가 많았는데, 이 역시 인신공격의 오류라고 할 수 있다. 인신공격의 오류는 상대의 주장에 논리적으로 대항하기 어려울 때 나타나기도 하지만 상대 의견이 다른 사람들에게 긍정 평가를 받지 못하도록 하는 데 이용되는 경우가 많다. 논리적으로는 오류이나 일상에서는 꽤 효과가 있기 때문이다. 특히 정책 논쟁을 하면서 상대를 '주사파'니 '토착 왜구'니 하는 식으로 몰아붙이는 정치권은 인신공격의 오류가 가장 많이 횡행하는 곳이다.

그런데 인신공격의 주된 근거는 편견에 기초한 경우가 많다. '어린것이', '지잡대 출신이', '경비 주제에', '게이가'…. 상대의 주장을 간단하게 거부할 때 흔히 사용되는데, 이 중 어떤 것이 주장의 정당성을 평가하는 기준이 될 수 있을까? 주장을 주장으로 평가하지 않는 건 아무리 공감대가 넓다고 해도 잘못된 것이다. 인신공격의 오류는 논리적으로도 문제가 있지만, 그것이 편견에 뿌리를 둔 경우 상대를 모욕하고 배척하는 결과를 초래한다. 상대를 무시하고 혐오해서 그 점을 공격하는 것만으로도 충분하다고 생각할 수도 있다. 이는 의사의 상호 소통이 아니라 대화의 거부와 단절을 선언하는 것일 뿐이다.

고릴라를 보려면

　'스승이 제자를 구함.' 표현은 다르지만 흔한 광고인데, 무엇을 가르치는 걸까? '국·영·수'는 아니고 스포츠댄스나 외국어 회화도 아니다. '세상을 구하려는 간절한 열망이 있어야' 한다는 조건만 붙은 걸보면 매우 특별한 수업이 준비되어 있나 보다.

　신문 한 귀퉁이에 난 광고를 따라 한 남자가 사무실을 찾아갔다. 세상의 변화를 기대하며, 그 길로 자신을 이끌 스승을 찾던 남자였다. 하지만 그곳에는 고릴라가 기다리고 있었다. 검고 거대한 몸집의 고릴라, 존경심보다는 두려움이 앞섰지만, 그는 고릴라의 제자가 되었다. 이후 둘은 특별한 방식의 대화로 세상을 어떻게 구할지 토론한다. 지구라는 생명공동체가 위기에 처한 이유가 무엇인지, 인류가 멸망의 위기에서 벗어나려면 어떻게 세상을 대해야 하는지, 그렇게 그들의 긴 이야기가 시작되었다.[54]

고릴라가 인간의 스승이라니 엉뚱하다. 소설 《고릴라 이스마엘》의 내용이다. 고릴라는 위험하고 난폭한 동물로 오해를 많이 받는다. 위협적인 외모도 그렇고, 영화 <킹콩> 등에서 묘사된 이미지가 그런 인식을 갖게 하지만, 고릴라는 성격이 온순한 편이란다. 비록 연기자가 분장한 것이지만 '무주의 맹시' 실험에서도 고릴라가 등장한다. 멸종 위기에 처했기 때문일까? 소설과 심리 실험 속에 고릴라가 등장하는 건 단순한 우연이겠으나, 서로 연결되는 의미도 있어 보인다.

실험 속의 고릴라는 보란 듯이 가슴을 두드리고 지나간다. '펑펑' 소리가 나도록 가슴을 두드리는 '드러밍'은 고릴라의 상징과도 같다. 이는 흔히 오해하듯이 공격하거나 위협하는 행동은 아니라고 한다. 대개 자신의 존재를 과시하거나 주장을 하기 위함이란다. 그럼에도 우리는 이를 보지 못한다. 고릴라는 우리가 놓치는 무엇을 상징한다. 엄연한 실재이나 우리의 주의나 관심이 어느 한쪽에 쏠려서 그 존재를 인식하지 못하고 지나치는 모든 것이라 할 수 있다. 우리가 듣지 못한 그의 '드러밍'은 '보고 싶은 것만 보지 마라', '본 것만이 실제라고 단정하지 마라' 라는 일갈이 아닐까?

소설 속 고릴라 이스마엘은 세계가 인간을 위한 곳이라는 인간 중심주의 신화를 깨는 선생, 선지자 같은 역할을 한다. 신화란 신들이 세상을 만들고 지배하던 이야기지만, 이조차도 인간을 신과 특별한 관계를 맺은 존재로 부각시킨다. 인간 중심주의 신화는 아예 신을 밀어내고 그 자리에 인간을 세우는 사고다. 고릴라 관점에서 그 신화를 깨트린다고 해서 이를 또 다른 신화로 대체하는 건 아니다. 세계가 인간에 속한 것이 아니라 인간이 세계에 속한 존재라는 오래된 사실을 복구할 뿐이다. 인간이 세상의 주인이며 지배자라는 신화의 속박에서 벗어나 세계를 있는 그대로 보는 것이다. 그래야 인간은 물론 지구 생태계가 위기에서 벗어날 수 있다고.

이 과정에서 파괴되는 것은 인간 중심적 신화만이 아니라 신화적 의식, 사고가 아닐까 한다. 신화의 틀로 세상을 이해하는 사고방식에서 벗어나도록 하는 것이다. 여기서 신화적 사고란 인간이 부여한 해석과 가치로서 세상을 이해하는 것으로, 그 주관성에 묶여 있는 사유와 의식을 말한다. 인간의 신화로 세상을 본다는 건 종족의 우상, 즉 인간의 편견에 불과하다. 편견에 빠져 있다는 건 잘못된 신화로 세상을 보는 것과 다르지 않다. 편견에 빠지면 사실을 있는 그대로 볼 수가 없다. 앞에서 살펴본 다양한 오류는 논리적인 문제가 있지만, 그 뿌리에는 편견이 있는 경우가 많다. 편견은 우리의 눈을 가린다. 눈앞으로 지나가는 고릴라를 보지 못하게 한다.

고릴라를 보려면 어떻게 해야 할까? 밀림이나 동물원을 찾아서 될 일은 아니다. 세상을 구하겠다는 간절한 열망이 있어야 하는 것도 아니다. 세상에서 일어나는 일을 사실 그대로 이해하려는 마음과 노력만이 필요하다. 비판적 사고는 '고릴라'를 보려는 것이다. 어떤 생각이 옳은지, 누구의 말이 맞는지를 검토하는 건 의심이 많거나 성격 탓이 아니다. 누군가를 비난하거나 비웃으려는 것도 아니다. 그것이 어떤 형상을 하고 있든, 어떤 소리를 내든 오직 사실과 올바름을 얻기 위한 것이다.

비판적 사고를 한다는 건 우리가 고릴라를 볼 수 없게, 눈앞에서 놓치게 하는 요인들을 제거한다는 의미다. 편견과 오류에 빠지지 않도록 하는 것이다. 특히 편견에서 벗어나야 비판적 사고는 그 가능성이 열린다. 편견에 속박된 사고는 혐오와 증오에 빠지기 쉽다. 합리적인 판단과 행동이 불가능하다. 사고에서 논리적 오류는 비교적 쉽게 교정될 수 있으나, 편견은 그렇지 않다. 대부분 자신의 생각을 편견이라 여기지 않기에, 편견이라는 말 자체를 거부하고 저항한다.

올바른 생각, 객관적 사실에 근거해 사고하려면 편견과 오류에 빠지지 않도록 노력해야 한다. 이를 위해서는 우선, 객관적 사실은 우리의 감정, 관심과 기대, 믿음 등과는 다를 수 있다는 점을 이해해야 한다. 우리가 무엇에 기대와 관심을 두거나, 어떤 마음 상태에 있든 그것은 주관적 영역의 일이다. 믿음도 마찬가지다. 우리의 눈을 가리고 생각을 가두는 신화나 선입견은 그런 주관의 덩어리다. 객관적 실제로서 고릴라는 우리의 주관 밖에서 어슬렁거리며 가슴을 두드리기는 하나, 우리에게 비친 모습이나 소리가 그것과 동일한 것은 아니다.

내 생각이, 우리의 주장이 틀릴 수 있음을 받아들이는 것도 중요하다. 최대한의 이성적 사고로 이루어진 추론과 논증일지라도 얼마든지 오류에 빠질 수 있다. 오류에서 자유로운 추론과 논증은 없다. 아무리 확신이 드는 판단일지라도 오류 가능성을 전제하는 건 겸손의 미덕이 아니라 합리적인 태도다. 무엇을 '확신한다'는 말은 기대 혹은 의지의 표현, 즉 주관적 의견일 뿐이다. '200퍼센트' 확신일지라도 틀릴 수 있다는 점을 수긍하고 돌아보는 반성적 사고는 편견과 오류를 교정하는 첩경이자 정도正道다.

비판적 사고로 만나게 되는 고릴라는 우리에게 친절하거나 우호적인 존재가 아닐 수 있다. 평소의 생각으로 보면 까칠하고 삐딱한 모습으로 보여 우리를 당황스럽게 하고 불쾌하게 할 수도 있다. 잘못된 생각, 그릇된 주장을 하고 있음이 드러나는 것이기에 선뜻 그 존재를 받아들이기 쉽지 않다. 오랫동안 품어왔던 생각이나 믿음이 편견으로 밝혀지는 건 마음 불편한 일이다. 편견과 오류를 인정하고 드러내는 건, 때로 큰 용기가 필요한 일이기도 하다. 하지만 비판적 사고로 만나는 고릴라는 우리의 용기나 준비와 무관한 존재다.

고릴라 스승과 인간 제자의 수업은 주입식이 아니다. 일방적인 강의를 밑줄 쳐서 외우게 하는 일은 없다. 상대가 자신의 사고로 스스로 깨닫도록 요구한다. 귀찮을 정도로 질문하고 스스로 답을 찾기를 다그친다. 비판적 사고 역시 질문을 필요로 한다. 주장의 논지는 무엇인지, 논거는 충분하며 타당한지, 논거로 제시된 결론은 적절한 것인지 등 묻고 답하는 과정이 비판적 사고다.

이분법 사고에서 벗어나는

모순 이해

'쓰레기' 국가의 탄생

'The Trash Isles'라는 국가를 들어본 적 있는가? 나라 이름이 이상하다. 하지만 여권도 발행하고 'Debris'라는 독립적인 화폐도 있다. 대한민국의 15배나 되는 넓은 영토를 가진 나라로 시민은 20만이 조금 넘는다. 그러나 북태평양에 있는 이 섬나라에는 아무도 살지 않는다. 누구도 살 수 없기 때문이다. 국명에서 알 수 있듯이, 이 나라는 '쓰레기 섬'이라는 국가다. 플라스틱 쓰레기로 이루어진 섬이다. 유엔UN에 국가로 인정해 달라고 했다는데, 이 신청이 받아들여질까?

이곳 외에도 바다에는 크고 작은 쓰레기 섬이 많다. 바다에 버려진 온갖 플라스틱과 비닐 쓰레기들이 해류를 따라 떠돌다 한곳에 모여 섬을 이루는 것이다. 이 쓰레기는 해양 생물의 생명을 위협한다. 죽은 거북이나 새들의 배에 쓰레기가 가득한 경우가 흔하고, 스페인에서 죽은 채 발견된 향유고래의 배 속에는 29킬로그램의 쓰레기가 차 있었다고 한다. 각종 플라스틱과 비닐, 고기 잡는 데 쓰인 밧줄 덩어리에다 바구니와 유리까지 나왔다.[55]

매년 수백만 톤에 이르는 쓰레기가 바다에 버려지며 이들은 해류를 따라 북태평양을 포함해 여섯 개 지역의 바다로 모여 든다고 한다. 인도에서 버려진 플라스틱이 인도의 바다만 더럽히지 않고, 미국에서 버려진 비닐봉지가 미국의 바다만 뒤덮지 않는다. 바다 쓰레기는 특정 국가만의 잘못이거나 그들만이 겪는 문제가 아니라 전 세계적인 문제가 되고 있다. 바다는 서로 연결되어 흐르고 있으니까.

우리가 사는 세계는 매우 밀접하게 연결되어 있다. 서로 연결되어 있다는 말은 세계의 수많은 일과 사물들이 상호 연관성을 갖고 상호작용한다는 말이다. 각각 서로 다른 사물들이 다양한 형태로 관계를 맺고, 서로에게 영향을 준다는 의미다. 멀리 떨어진 곳에서 이루어지는 일들이, 거리에 상관없이 서로에게 영향을 주는 관계에 있다. 한국에서 갈매기에게 먹이를 주고 남은 과자 봉지가 태평양에서 쓰레기 섬의 영토를 이루거나 대서양에서 헤엄치는 어느 고래의 배 속에 붙어 있게 되는 것이다.

쓰레기 섬의 영토가 되는 플라스틱도 그저 바다에 흉물로 떠 있는 게 아니다. 바닷물과 햇볕에 마모되면서 미세 플라스틱(지름 5밀리미터 이하)이 되고, 이것들은 물고기 몸에 축적된다. 그다음은? 바다 생명을 식량으로 하는 인간에게 쌓일 수밖에 없다. 인간이 버린 플라스틱은 인간의 몸으로 돌아온다. 이미 우리는 매주 약 5그램, 신용카드 한 장 분량의 미세 플라스틱을 먹고 있다는 보고도 있다. 플라스틱 물병 하나가 분해되는 데는 450년이 걸린다.[56] 이는 바다 쓰레기가 지금 세대의 문제로 그치지 않고 수십 세대에 걸쳐 이어지는 문제가 될 수 있음을 보여 준다. 인간의 세대가, 우리와 후손이 유전자와 문화로 연결될 뿐만 아니라 쓰레기로도 이어지는 건 슬프고 미안한 일이 아닐까?

핵폭탄의 원료인 플루토늄은 자연 상태에서는 쉽게 발견되지 않는다. 하지만 이제는 우리 몸의 일부를 이루고 있다. 만일 우주에서 외계 생명체들과 지구인이 섞여 있을 때 방사능 테스트를 하면 금방 지구인을 찾아낼 정도란다. 이제까지 지구에서 이루어진 수많은 핵실험 때문이다.[57] 한국에서는 핵실험을 한 적이 없지만, 우리 몸에도 이 방사능 물질이 쌓여 있다니 억울한 일이다. 하지만 이는 우리가 사는 세계가 바다만이 아니라 공기로도 연결되어 있음을 보여 주는 또 다른 예다.

겉으로는 서로 아무런 관계가 없어 보이는 일이나 사물이 연관되어 상호작용하는 것은 인간 사회에서도 항상 일어나는 현상이다. 미국의 경기 변화가 유럽과 아시아 경제를 흔들고, 중국의 임금 인상이 한국은 물론 세계 소비자의 지갑 무게에 영향을 주는 세계화 현상도 그런 사례다. 석유 가격 하락이 베네수엘라를 파산으로 몰고 가고, 시리아 내전이 한국의 제주도에 난민 논쟁을 일으키는 것도, 우리가 남긴 탄소 발자국이 남태평양의 어느 섬을 바닷속으로 잠기게 하는 것도 같은 현상이라고 할 수 있다.

2010년 러시아에는 가뭄이 심했다고 한다. 그에 따라 산불도 크게 일어났다. 그런데 이 때문에 이집트, 튀니지 등 북아프리카 지역의 시민들이 시위를 했다. 뜬금없어 보이겠지만, 사정은 이렇다. 가뭄과 산불로 밀 생산량이 급감한 러시아는 밀의 수출을 금지했고, 이 때문에 러시아의 밀을 수입하여 식량원으로 하던 북아프리카 국가의 빵 가격이 급등했다. 갑자기 빵값이 오르면서 시민의 생활은 극심한 곤란을 겪게 되었고, 상황을 이렇게 만든 건 장기 집권하는 독재정권의 무능과 부패라고 보았기에 시민들이 민주주의 시위에 나선 것이다.[58]

러시아의 가뭄이 중동의 재스민 혁명으로 이어지는 현상, 뭐가 떠오르나?

연결과 단절은 세계의 특성

앞에서 살펴본 나비효과는 최초의 작은 차이나 변화가 엄청난 결과를 일으킬 수 있다는 이야기였다. 연쇄적으로 이어지는 현상들이 원인과 결과로 연결되는 유기적 인과관계를 설명하면서 예로 들었다.

나비 날갯짓 → 벌레 → 원숭이 → 열매 → 돌멩이 → 바위 → 산사태 → 화산 폭발 → 기후변화 → 폭풍

앞에서도 강조했듯이 이는 필연적인 게 아니다. 나비효과가 필연적이라면 지구에서는 생물이 살기 어렵다.

나비효과로 세계를 설명할 수 있는 것은 세계에 존재하는

모든 사물이 다양한 형태로 서로 연결되어 있기 때문이다. 또 나비효과가 항상 일어나는 필연적 현상이 아니라는 말은 사물들이 항상 연결되는 게 아니라는 뜻이다. 사물들이 서로 연결되어 있기도 하며 아니기도 하다는 것이다. 이를 상대적 독립이라고 한다.

독립이란 말은 누군가에게 예속하거나 의존해 있지 않은 상태를 말한다. 철학적으로는 연관성 여부를 말하는 것이다. 연관성이 있다는 건 영향을 주고받는 관계라는 것으로 예속과 의존은 그 연관성이 나타나는 형태 중 하나다. 주사위를 던져 어떤 숫자가 나오는 것과 동전을 던져 앞면 혹은 뒷면이 나오는 것과는 어떤 관련이 있을까? 주사위의 숫자와 동전의 면은 아무런 연관성이 없다. 주사위를 던지는 행위와 동전을 던지는 행위는 서로 관련이 없는, 즉 독립사건이다.

세계의 사물들이 절대적 독립 상태에 있다면 각각의 사물들이 서로 아무런 관계를 맺지 않고 분리, 단절되어 있는 것이다. 그러나 상대적 독립이라 할 때에는 연결과 단절의 측면이 모두 있다는 뜻이다. 대개의 부모와 자식 관계를 생각하면 이해하기 쉬울 것 같다.

갓 태어난 아기는 부모에게 전적으로 의존한다. 의식주는 물론 삶에 관련된 중요한 결정도 부모의 도움 없이는 불가능하다. 그럼에도 배고픔을 느끼거나 잠을 자는 등 본능적인 욕구는 부모와 다르게 발현한다. 서로 독립된 생명체이기 때문이다. 그래서 부모들이 잠을 설치는 일이 많다. 청소년기가 되면 경제적으로는 여전히 부모에게 의존하고 있지만, 놀이나 진학과 취업 같은 의사결정에서는 자신의 의견을 반영시킨다. 성인이 되면 자신의 선택에 따라 직업을 갖고 사회생활을 한다. 자신의 가정을 꾸리기도 한다. 이 과정에서 부모의 영향을 받기도 하지만 결정의 주체는 오롯이 자신이다.

　부모—자식의 관계는 대체로 의존이 강한 유아기에서 독립이 강한 성인기로 변화해 간다. 자식의 성장이란 그 관계의 변화다. 변화 속에서도 유지되는 관계의 특성은 상대적 독립이다. 부모에게 모든 걸 의존하는 유아기 때도, 독자적인 삶을 살아가는 성인기 때도 관계의 내용이 변할 뿐 상대적 독립의 관계는 이어진다. 부모도 그 자식도 독립된 개체로서 존재하기 때문이다. 부모의 보호와 도움을 받지만, 자식이 부모의 욕구와 기대에 맞춰 살아가지 않는 근본적인 이유는 결코 그들이 불효막심해서가 아니다.

　몸과 마음(육체와 정신/의식)도 상대적 독립의 관계에 있다고 할 수 있다. 마음의 실체에 대해서는 여러 논의가 있지만, 몸과 연관되어 있다는 점은 대부분 인정하고 있다. 몸이 아프거나 날씨가 흐려지면 우울하거나 기분이 처지는 느낌을 받는데 그것은 우리의 마음이 몸 상태에 크게 영향을 받기 때문이다. 비타민 D가 부족하면 우울하다지만, 배가 고프면 우울해진다는 사람도 있다. 몸(뇌)이 죽으면 마음(의식)도 사라진다. 마찬가지로 몸도 마음의 변화에 영향을 받는다. 마음에 큰 충격을 받으면 그에 따라 몸에 이상 현상이 나타난다. 실연하거나 불합격 통보를 받아 식욕을 잃고 잠을 못 자기도 하지 않는가. 뜨거운 물에 닿으면 몸은 자동으로 이를 피하지만 마음의 요구에 따라 뜨거움을 참기도 한다. 피부가 벌겋게 달아오르는 열탕에 앉아 '시원하다'고 말하는 여유가 그래서 가능하다. 몸이 곧 마음은 아니고 마음도 그대로 몸이 되지는 않는다. 서로 영향을 주면서 영향을 받지 않는 면도 있는 것이 몸과 마음의 관계다.

우리가 사는 세계의 일과 사물들은 상대적 독립의 관계에 있다. 서로 연결되어 영향을 주기도 하고 서로 단절되어 있기도 하다. 사물들의 관계를 일면적으로 이해하게 되면 사물들이 관계를 맺는 특성을 제대로 볼 수 없다. 상대적 독립의 관계에 있기에 나비의 날갯짓은 벌레에게, 떨어지는 벌레는 원숭이에게 영향을 줄 수도, 주지 않을 수도 있다. 나비가 날개를 팔락일 때 벌레가 없다면, 있더라도 나비 날갯짓에 흔들리지 않는 담대한 벌레라면 나뭇잎에서 떨어지지 않을 것이다. 벌레가 나뭇잎에서 떨어지더라도 그 밑의 원숭이가 어떤 상태에 있느냐에 따라 영향은 다르게 나타난다. 상대적 독립의 관계에서 연결 혹은 단절의 어떤 측면이 더 강하게 나타나는가는 각 사물의 특성과 당시의 상황 및 조건에 따라 달라질 수 있다는 뜻이다. 그래서 세계는 끊임없이 그리고 다양하게 변화한다.

연결과 단절이 세계의 특성이다. 상반되는 뜻의 말을 결합해 놓은 거라서 이상하게 들리는가?

지구는 모순으로 유지된다

'모든 것을 뚫는 창과 절대 뚫리지 않는 방패.' 인터넷 게임에 등장하는 아이템 같은데, 하나라도 갖고 있으면 무적의 전사가 될 것이다. 둘을 부딪치면 어떻게 될까? 뚫리든가 막아내든가, 어떤 결과가 나와도 한쪽은 거짓이 될 수밖에 없다. 《한비자》[59]에 나오는 이야기로 모순矛盾이라는 말이 여기서 유래했다고 한다. 어떤 무기 상인이 창과 방패를 팔면서 저렇게 과대광고를 하자, 한 행인이 그 창으로 방패를 찔러보라고 한 것이다. 그리스 신화에도 비슷한 얘기가 있다. '누구도 잡을 수 없는 운명'을 지닌 여우와 '쫓는 모든 것을 잡을 수 있는 운명'의

개가 마주친 것이다.[60]

모순은 앞뒤가 맞지 않는 말이나 행동을 지적할 때 흔히 쓰이는 말이다. '더럽고 고운 날'[61], '이별은 감미로운 슬픔'[62] 등처럼 말의 앞뒤가 서로 어긋나는 경우를 이른다. 말과 행동이 어긋나는 경우도 마찬가지다. 직원을 가족처럼 생각한다면서 노예처럼 대하는 기업주, 민주주의를 내세우는 독재 정부, 현실에는 그런 사례가 많다. 모순은 주로 합리적이지 않은 말이나 행동을 지적할 때 사용된다. 그래서 모순의 상인은 고개를 떨궈야 했다. 그리스 신화의 개와 여우는 어떻게 됐을까? 잡힐 듯 말 듯, 아슬아슬한 개와 여우의 추격전이 계속되었다. 도저히 끝나지 않을 것 같은 둘의 추격전을 지켜보는 사람들만큼이나 신 제우스도 심란했던지 여우와 개를 돌로 만들어 버렸다. 결말을 은폐한 게 아닐까 싶다. 잡히거나 잡히지 않거나, 어느 쪽이든 신이 부여한 운명에서 벗어나는 것이니.

철학에서는 모순을 다르게 본다. 모순이 세계의 특성이라고 한다. 불합리함이 우리가 사는 세계의 특성이라니 이해가 안 될 수도 있다. 그럼 지구와 태양의 관계를 생각해보자. 원운동(공전)을 하는 지구가 태양계 밖으로 튕겨 나가거나 거대한 태양으로 빨려 들어가지 않고 45억여 년간 일정한 거리를 유지하는 건 모순 때문이다. 항성 태양의 중력과 지구의 원심력이라는 대립적인 힘이 상호작용하기 때문이다. 두 개의 힘이 서로 대립하면서 의존하는 관계, 즉 모순 상태에 있기에 지구와 태양의 관계는 이어지고 있다. 그 모순이 사라지면 지구는 타 버리거나 우주의 미아가 되고 만다. 철학에서 모순이란 대립적인 성질의 상대가 서로 의존한 채로 결합하고 있는 상태를 가리킨다. 의존한다는 것은 대립하는 상대를 자기 존재의 전제로 삼는, 즉 상대가 없으면 자신도 없는 관계를 말한다.[63] 대립하면서 의존하는 관계, 말 자체가 모순으로 들릴 수 있다. 하지만 우리가 사는 세계는 태양계처럼 그 모순 속에 있다.

미국 옐로스톤 국립공원에서는 1995년 이래로 멸종된 늑대를 복원하는 사업을 펼친다고 한다. 100년 전만 해도 가축을 공격한다는 이유로 늑대를 마구잡이로 죽이더니 이제는 그 반대의 행동을 하는 것이다. 그 이유는 늑대가 없는 숲이 황폐해졌기 때문이다. 사슴을 위해서 한 일은 아니지만, 늑대가 사라진 숲에서 사슴이 번성했다. 숲의 평화가 이루어진 걸까? 늑대가 없는 숲에서 사슴이 급속히 증가했고, 이들은 식물의 뿌리와 새싹 등을 닥치는 대로 먹어치웠다. 숲이 파괴되면서 작은 동물들은 먹이도 줄고 은신처도 잃어버리게 됐다. 숲의 생태계가 무너진 것이다. 늑대가 돌아오면서 사슴 개체 수가 줄어들었고 숲은 원래의 균형을 찾았다.[64] 숲이 회복되는 과정은 좀 더 복잡하지만, 여기서 알 수 있는 건 포식자捕食者와 피식자被食者의 먹이사슬 역시 서로 대립하면서 의존하는 관계에 있다는 것이다. 지구 생태계도 모순의 관계 속에서 유지된다.

잊을 만하면 불쑥 등장해 우리를 공포에 떨게 하는 바이러스와 인간의 관계 역시 모순으로 설명된다. 수많은 사람을 죽음으로 몰고 가기도 하는 바이러스지만, 인류의 진화는 물론 현재의 안전에도 이바지하고 있다. 인류의 유전자 중 8퍼센트는 바이러스에서 유래했다고 한다. 자신의 유전자를 숙주에 넣었다 빼는 바이러스의 특성이 인류의 진화 과정에 흔적을 남긴 것이다. 또 바이러스는 세균을 막는 역할을 한다. 바닷속에 사는 세균의 20퍼센트는 바이러스의 숙주가 되어 죽는데, 그럼으로써 지구 생태계에서 세균의 무한 증식이 억제되고 있다.[65] 위태로운 균형이겠지만, 숙주와 기생체로서 인간과 바이러스의 관계도 대립과 의존의 특성을 보이는 것이다.

세계는 수많은 사물이 연관되어 상호작용하는 곳이다. 차이와 연관, 상호작용은 세계의 근본적인 특성이다. 모순은 이러한 세계의 존재 특성을 바르게 이해하는 개념이다. 모순으로 세계를 이해할 때 우리가 사는 세계가 유지되고 변화하는 동인動因을 제대로 볼 수 있다.

모순은 그 성격에 따라 두 가지로 나뉜다. 적대적 모순과 비적대적 모순. 적대적 모순은 위에서 본 창과 방패 이야기처럼 해결되어야 하는, 즉 그 관계가 극복되어야 하는 모순이다. 전장에서 만난 적군과 아군, 화재 현장에서 물과 불 등은 대립이 해소되고 새로운 관계로 나아가야 문제가 해결되는 모순이다. 이와 달리 비적대적 모순은 포식자와 피식자, 숙주와 기생체 등 대립물의 상호작용이 이루어지는 지구 생태계처럼 모순의 실현이 중요한다. 대립 관계의 균형을 유지하는 자체가 모순의 '해결'인 셈이다. 모순을 극복해야 하는가, 실현해야 하는가의 판단은 모순의 성격에 따라 달라지는데, 모순의 성격을 오해하면 잘못된 대응을 하게 된다. 남성과 여성의 관계는 비적대적 모순이지만, 남혐과 여혐처럼 적대적으로 대응하면 양자의 관계를 악화하게 된다.

세계의 특성을 모순으로 이해하는 것은 비판적 사고와도 관련이 있다. 비판적 사고를 하려면 열린 사유가 필요하다. 고정관념에 갇히지 않아야 하며, 이분법 사고에 빠져서도 안 된다. 고정관념이란 우리 머릿속에 굳어 있는 생각이다. 이런 생각은 성, 인종, 국가나 지역 등을 경험하고 학습해서 형성된 것이나 편견인 경우가 많다. 이분법 사고는 세계의 다양한 측면을 무시하고 양자택일兩者擇一로 제한하는 사고다. 세계를 선과 악, 영웅과 악당 등처럼 단순한 구도로 이해할 뿐만 아니라 양자의 관계를 대립 배척하는 것으로만 파악한다. 이런 태도는 세계를 왜곡하여 인식하는 문제도 있지만, 객관적이고 합리적인 사고의 진전을 가로막기도 하다. 세계를 모순으로 이해하게 되면 고정관념이나 이분법 사고에 빠지지 않을 수 있다.

국론 분열은 나쁜가

의원 그런데 국민의 대표 기관인 우리 국회가 지난 2013년 6월 26일 5·18 민주화운동 당시 민주화운동의 공식 기념곡으로 '임을 위한 행진곡'을 지정할 것을 촉구하는 결의안을 통과시킨 바 있습니다. 기억하시지요?

국무총리 예, 보훈처로 하여금 이것에 대해서 해결 방법을 강구해 보도록 했습니다. 그런데 워낙 강한 반대 여론도 있기 때문에 자칫 잘못하면 국론 분열이 있을 수 있으니까 조금 더 국민적인 공감대를 얻는 것이 중요합니다….[66]

한국 사회에서는 국론 분열이라는 말이 자주 등장하는 편이다. 1987년 당시 집권자가 국민의 뜻을 외면하고 개헌논의를 중단하는[67] 명분도 국론 분열이었고, 2011년 국가정보원장이 불법 선거 개입을 지시하는[68] 명분도 국론 분열이었다. 주로 어떤 일을 논의하지 않거나 억압할 때 동원되는 말이다. '5·18 민주화운동' 기념식에서 〈임을 위한 행진곡〉을 함께 부르는 걸 거부하는 명분으로 박근혜 정부가 내세운 것도 국론 분열이었다. 국회에서 여야 결의가 있었음에도 보수단체의 반대가 있어서라고 했다. 의원 질의에 답하는 국무총리의 태도에는 국론 분열은 일어나면 안 된다는 인식이 드러난다. 정말 국론은 분열되면 안 될까?

국론國論이란 한 사회에 나타나는 시민들의 공통된 의견을 말한다. 공식적인 결정 과정을 거친 국가의 방침이 아니다. 사전에서는 여론과 같은 뜻을 가진 낱말로 설명하고 있다. 여론은 어떤 일에 사람들이 보이는 생각이나 주장을 말한다. 사안에 따라 다수의 공통된 의견이 형성될 때도 있고, 비슷한 규모의 의견들이 서로 맞설 때도 있다. 개고기 식용, 병역가산점, 사형제 등에서 우리 사회는 국론이 통일된 적이 없다. 통일되어 있을 때보다 분열된 경우가 더 많았다. 일사불란한 국론은 월드컵 축구 응원 같은 사건에서나 가능하다. 사회 다양성이 높을수록 다양한 여론이 형성되는 게 자연스러운 현상이다. 같은 사물도 사람에 따라 다르게 보일 수 있고, 사람들의 처지와 요구가 다르면 생각도 주장도 다른 게 당연한 일이다.

국론 분열은 이상 현상이 아니다. 민주주의 사회에서는 지극히 정상적인 일이다. 비정상은 오히려 국론이 통일될 때 일어날 수 있다. 통일이 자연스러운 귀결이 아니라 인위적으로 조성 혹은 조작된 것일 가능성도 있다. 어떤 사안이 다수의 공통된 의견으로 형성되면 단결이나 통일을 명분으로 그와 다른 소수 의견을 억압하거나 차단하는 경향이 있다. 이견이 없는 사회는 구성원이 하나의 주장, 하나의 가치만을 따르거나 다른 생각이 봉쇄된 곳이다. 어떤 상황이든 건강한 사회는 아니다. 다양한 생각을 나누면서 새로운 생각들이 일어나고 그래야 사회가 발전하는 것이다.

그럼에도 국론 분열을 문제로 보는 생각이 퍼져 있다. 이는 자신에게 유리한 여론은 키우고 불리한 여론을 억누른 독재 시대의 영향이 남아 있는 탓이기도 하나, 분열이란 말에 대한 부정적 인식도 작용한다. 분열은 본래 하나였던 것이 갈라져 나뉜다는 뜻이다. 통일 상태가 파괴되는 의미가 있기에 어감이 안 좋다. 갈등이 우려되기도 한다. 하지만 통일 상태가 여론의 본래 모습은 아니다. 국론과 분열을 짝짓는 자체가 잘못된 어법이다. 또 이유가 있는 분열이라면 이를 미봉하거나 은폐해서 갈등을 막을 수는 없다.

분열은 갈등의 산물이다. 갈등은 차이의 대립에서 비롯된다. 이해관계나 주장의 차이가 뚜렷하고 그 차이가 해소될 가능성이 적으면 서로 맞서는 것은 불가피하다. 어느 한쪽이라도 주장을 철회하거나, 타협이 이루어진다면 차이는 사라질 것이다. 분열은 차이로 대립이 격화되고 갈등이 깊어진 상태다. 분열을 극복하고자 한다면 분열하는 이유가 무엇인지를 살펴야 한다. 그런 검토 없이 단지 분열을 잘못된 것, 나쁜 것으로 보는 태도는 대립하는 이유는 놔두고 그 현상에만 매달리는 것이다. 분열로 확인되는 차이를 회피하거나 이를 용납하지 않는 태도일 수도 있다. 차이를 '다름'이 아닌 '틀림'으로 보는, 다양성을 불순함으로 보는 관점이다.

2017년 초 대한민국은 분열했다. 당시의 대통령 탄핵을 두고 여론이 극명하게 갈리어 대립했다. '촛불을 든 시민'과 '태극기를 흔드는 시민'이 맞서 갈등하면서 사회가 매우 혼란했다. 하지만 이때의 국론 분열은 피할 수 없는 것이었다. 탄핵의 의견만이 아니라 민주주의 발전을 대하는 시각 차이가 선명했다. 수개월째 지속된 대립적인 시위가 연일 신문과 방송, 인터넷을 시끄럽게 했지만, 이를 '나라 망할 징조'로 보지는 않았다. 이때의 분열과 갈등은 대한민국의 민주주의가 한 걸음 나아가는 불가피한 진통이었기 때문이다. 갈등과 분열이 좋은가 나쁜가, 그 현상만을 놓고 말하는 것은 무의미하다. 그 속에 있는 갈등의 원인이 무엇인지를 보아야 한다. 무엇의 대립이 갈등을 일으키는지, 그 대립이 구성하는 모순의 성격을 살펴야 한다. 합리적인 이유가 있는 불가피한 분열인지, 대립하는 차이는 무엇인지, 적대적인지 비적대적인지, 그에 따라 대응도 달라야 한다.

금지를 좋아하는 나라

저들이 코끼리의 전체를 말하지 못하였으나 말하지 않은 것도 아니니, 만일 그 여러 모양이 모두 코끼리가 아니라면 그것을 떠나서는 따로 코끼리가 없느니라.

앞에서 보았던 코끼리 이야기에 대한 부처님의 말씀이다. 여러 시각장애인이 만진 코끼리는 그 몸의 일부일 뿐이나, 그것을 빼고 코끼리를 말할 수는 없다고 한다. 부분과 전체의 관계를 잘 보여 주는 설명이다. 부분이란 전체를 전제하는 말로 전체를 구성하는 일부로서 존재하고 논의된다. 전체 역시 부분을 전제한 개념이다. 전체를 나눌 때 그 결과물이 되거나 함께 전체를 구성하는 것들이 부분이란 설명[69]과 전체란 부분의 총합이란 말도 양자의 관계를 잘 보여 준다. 심장이나 폐 등 우리 몸의 장기들은 생명에 영향을 주는 중요한 기능을 담당하는 부분이지만 몸이라는 전체를 벗어나서는 존재 의미가 없다. 수만 개에 이르는 자동차 부품들도 결합하여 차체 일부를 이루고 있을 때 기능이 제대로 발휘된다.

부분은 무엇을 전체로 하는가에 따라 범위가 달라진다. 심장은 몸의 부분이지만 네 개의 방을 부분으로 하는 전체이기도 하고, 자동차의 각 부품들 역시 그 내부에 나름의 구조와 부속품이 있는 전체일 수 있다. 전체와 부분은 고정되어 있지 않고 보는 기준에 따라 변한다. 부분이 전체가 되고 전체가 부분이 된다. 우리는 개인으로서 전체이면서 가족이나 어떤 집단의 일부다. 가족이나 집단 역시 사회의 부분일 수 있고, 사회 역시 그보다 큰 상위 집단의 부분이 되기도 한다.

그러나 전체와 부분의 관계를 혼동하거나 이분법적으로 대립시켜 생각하는 경향이 있다. 이는 인식 상의 오류에 그치지 않고 사회적으로도 문제를 일으킨다. 앞에서 본 결합 혹은 분해의 오류는 둘의 관계를 오해하는 사례다. 또 어떤 개체의 부분으로서 특성만 강조해 전체의 부속품처럼 여기거나, 독립성만 강조해 전체와 관계를 무시하는 태도도 둘의 관계를 잘못

이해한 것이다. 후자는 공동체를 외면한 극단적 개인주의 문제와 연관된다. 코로나19에 따른 사회적 봉쇄에 총을 들고 항의 시위에 나서는 일부 미국인에게서 그 모습을 볼 수 있다. 전자는 어떤 문제와 연관이 있을까? 전체주의와 관련이 있다. 둘 다 전체와 부분의 관계를 오해하는 문제가 있지만, 위험성은 전자가 더 커 보이다.

전체주의란 개인의 자유, 권리, 이익보다는 그가 속한 국가, 민족의 이익을 더 우위에 두는 사상이며, 그런 사회를 가리키는 말이다. 국가와 민족이라는 전체를 위해 봉사하고 헌신할 존재로 개인을 보는 태도로서 개인의 의식과 행동을 그가 속한 집단에 맞추도록 요구한다. "우리는 민족 중흥의 역사적 사명을 띠고 이 땅에 태어났다."[70]라는 말에는 그런 생각이 들어 있다. 전체주의는 강력한 국가권력이 국민 생활을 간섭·통제하는 사상이나 체제를 말하지만, 사회(집단)의 지배적 혹은 다수의 가치나 의견에서 벗어나는 것을 용인하지 않는 태도로 나타나기도 한다. 이는 현실적으로 국가(지도자)나 집단이 제시하는 가치와 규범에 구성원 모두를 복속시키고 추종하게 하는 형태로 드러난다.

어머님의 말씀 안 듣고 짧은 치마 입고 명동 나갔죠.
내 치마가 유난히 멋있는지 모두들 나만 쳐다봐.

바로 그때 이것 참 큰일 났군요. 아저씨가 오라고 해요.
웬일인가 하여 따라갔더니 그다음은 말 안 할래요.

<어떤 말씀>(쉐그린)이란 노래의[71] 2절 가사다. 노랫말에서 짧은 치마의 여성을 부른 '아저씨'는 누구일까? 아빠 친구도, 호객꾼도 아닌 경찰관이다. 한껏 멋을 부려 외출했다가 치마 길이를 단속하는 경찰관에게 적발된 상황을 노래한 것이다. 노랫말이 말하지 않은 그다음 일은 무엇일까? 파출소(경찰서 지구대)에 가서 경찰관이 무릎 위와 치마 끝자락 사이를 재는데, 이 길이가 20센티미터를 넘으면 훈계를 듣거나 범칙금 처벌을 받았다. 치마가 너무 짧다는 거다. 1절의 가사는 남성이 장발 단속에 적발되는 내용으로, 이발소에 끌려가 강제로 머리를 '싹둑' 했단다. 대한민국에서 일어난 일이라고 상상하기 어렵지만 모두 실화다. 이 노래가 발표된 1972년, 유신헌법 이후 '박정희 시대'에 있었던 일이다.

왜 공권력의 상징인 경찰이 성인의 머리와 치마 길이까지 간섭할까? 단정한 머리와 조신한 옷차림이 아름답고 좋은 풍속이기에 시민이 지키도록 하겠다는 거다. 국가는 아름답고 좋은 것이 무엇인지 정할 수 있고, 이를 시민에게 강제할 수 있다고 여기는 관점이다. 노래는 "여러분도 이런 큰일 당하지 말고 어서 긴 치마 입으세요"라고 하며 끝난다. 건전한 충고를 한 셈

인데, 이 노래는 1975년에 금지곡이 됐다.[72] 금지 사유가 '반항적'이었다고 한다.[73] 나중에 "코털 긴 채로 명동 나갔죠"라는 가사까지 덧붙였으니 검열관들에게는 건전함보다는 건방진 반항으로 들렸나보다. 이 시대에 수많은 노래와 책들이 갖가지 명목으로 금지되었다. 국가나 사회가 전체주의 경향을 띠면 금지가 많아질 수밖에 없는 것이다.

전체주의가 대내적으로는 시민의 의식과 문화를 통제하는 형태로 나타난다면 대외적으로는 자국, 자민족 우월주의를 보이게 된다. 자기 국가와 민족의 우월성을 강조하게 되면 다른 국가나 민족에 배타적이 되기 쉽다. 이런 태도는 외국인 및 다른 인종(민족)을 혐오하는 것으로 이어진다.

못생긴 나무가 산을 지킨다

허자(虛子) 공자가 《춘추》를 지어 중국은 안으로, 사이(四夷, 네 오랑캐)는 밖으로 하였습니다. 중국과 오랑캐의 구별이 이처럼 엄격하지 않습니까?

실옹(實翁) 하늘이 내고 땅이 길러주는, 무릇 혈기가 있는 자는 모두 사람이며, 여럿 중 뛰어나 한 나라를 맡아 다스리는 자는 모두 임금이다. 문을 거듭 만들고 해자를 깊이 파서 강토를 조심하여 지키는 것은 다 같은 국가다. 갓이나 모자를 쓰든 머리에 문신을 하든 모두 같은 자기들의 습속이다. 하늘에서 본다면 어찌 안과 밖의 구별이 조선 후기의 실학자 홍대용이 《의산문답》에서 중국이 세계의 중심이며, 그 밖은 오랑캐로 재단하는 생각을 비판하는 글이다. 사람과 나라에 차별이 없으며, 자기 기준으로는 이해되지 않는 풍습일지라도 모두 동등한 문화이므로 차별해서는 안 된다는 것이다. 이 책에서 홍대용은 지구가 우주의 중심이라는 생각도 비판하는데, 다른 별에서 보면 스스로 중심일 수 있으므로 지구만을 중심이라고 하는 주장은 "우물에 앉아 하늘 보는" 것이라고 한다.

세계는 중심과 주변으로 구분되어 있지 않으나, 우리는 그런 식으로 나눠서 보는 경향이 있다. 단지 구분할 뿐만 아니라 중심과 주변의 관계를 우월과 열등의 관계로 고정하기도 한다. 폄하하고 억압하는 대상으로써 주변을 대하는 것이다. 자문화 중심주의, 남성 중심주의의 다른 얼굴은 타문화 주변주의, 여성 주변주의다. 하지만 중심과 주변은 절대적인 관계가 아니다. 무엇인가를 중심으로 정하면 그 외는 주변으로 보일 뿐이다. 특정한 것에 더 높은 관심과 가치를 부여하기에 그 외는 주변의 존재가 되는 것이다. 중심과 주변의 구분이 주관적이고 임의적이기 때문에 그 관계는 고정될 수 없다. 무엇을 기준으로 하느냐에 따라 그 관계는 얼마든지 달라진다. 따라서 중심은 우월하고 주변은 열등하다고 생각하는 건 편견에 불과하다.

원래 주변인 존재는 없다. 우주의 별들이 모두 스스로 중심이듯이 우리 모두는 자신을 중심으로 세워 살아간다. 모든 존재가 각자의 삶을 살아가는 것이다. 나를 중심으로 할 때 다른 존재는 주변이 되지만, 그를 중심으로 하면 내가 주변이 된다. 우리는 서로가 중심이면서 주변이 되는 관계에 있다. 나를 중심으로 하는 세상 이해는 같은 풍경을 나의 각도에서 부감俯瞰하는 것에 불과하다. 각자의 부감법으로 보는 시선의 차이를 우열로 평가하는 건 무의미한 일이다. 상대를 중심으로 인정한다는 건 각자의 고유성을 존중한다는 의미이기도 하다. 상대를 주변의 존재로만 대한다면 그의 고유성을 부정하는 일이다. 그러나 이런 태도는 나의 중심성도 누군가에게 부정당할 가능성을 열어 놓은 것과 다르지 않다.

유교 문화, 가부장주의, 경쟁주의 등처럼 한 사회에서 시대나 지역에 따라 특정한 가치나 의식이 중심이 될 수도 있다. 무엇을 중심으로 보는가는 사람들이 중요하게 여기는 것에 따라 변화하고, 그것은 시대와 지역에 따라 달라진다. 과거에 중심이었다고 해서 현재나 미래에도 중심의 지위를 차지하는 것은 아니다. 우리가 다른 시대, 다른 지역의 사람들에게서 문화적 차이를 느끼는 건 그 때문이라 할 수 있다. 그들의 중심적 가치와 우리의 그것이 다르기 때문이다. 성 평등이나 동성애 차별금지

등은 수십 년 전만 해도 많은 사람이 귀 기울여 듣지 않은 일부의, 변방의 목소리일 뿐이었다. 지금은 어떤가? 우리 사회의 중요한 의제가 되고 있다. 성별 구분과 관계, 성 정체성의 인식이 변하는 것인데, 그런 변화가 일어나도록 주변에서 끊임없이 주장해온 사람들이 있었기에 가능한 일이다.

서로 다른 사회나 집단에 동시에 속해 있는 사람을 경계인境界人이라고 한다. 이질적인 집단 사이에서 양쪽의 영향을 받지만, 어느 쪽에도 완전하게 속하지 못한다. 한 사회나 집단의 다수에게 나타나는, 기본적인 것으로 평가되는 문화나 의식, 외모에서 차이가 있기에 이들은 주변인周邊人이 된다. 한국인이면서 비非한국적 존재로 대우받는 우리 시대의 다문화인들이 그렇다. 주변인은 어떤 사회에도 속하지 않기에 겉도는 존재가 되기도 하지만, 그렇기에 중심에 있는 사람들과 다른 관점으로 사회를 볼 수 있다. 중심에 있는 사람들이 보지 못하는 사회의 다양한 모습을 다른 눈으로 보게 되는 것이다. 주변인은 한 사회의 중심에서 떨어져 있기에, 다른 사회에 가까이 있는 존재이기도 하다. 주변인의 이런 특성은 서로 다른 사회의 문화를, 자신을 중심으로 결합해 새로운 문화를 창조할 가능성이 된다.

혜자 자네 말은 아무 쓸모가 없네.

장자 '쓸모없음'을 알아야 비로소 '쓸모 있음'을 말할 수 있네. 넓고 큰 천지에서 실제로 사람에게 필요한 건 발로 밟는 만큼의 공간일 뿐이지. 그러나 그 공간만 남기고 주위의 나머지 땅을 깊이 파 버린다면, 발 딛고 있는 공간이 여전히 쓸모 있는 땅이 될 수 있겠는가?

혜자 쓸모가 없겠지.

장자 그렇다면 쓸모없는 게 쓸모 있다는 것 또한 분명한 사실이구먼.[75]

장자는 쓸모없음의 쓸모, 이른바 무용지용無用之用을 역설한 것으로 유명하다. 세상이 쓸모없다고 여기는 것의 참 가치를 보아야 한다는 말로 설명되기도 하지만, 쓸모없음(無用)과 쓸모 있음(用)의 관계를 이분법적으로 보면 안 된다는 뜻이 더 중요하다. 우리가 무엇을 쓸모없다고 여기는 것 역시 지금-여기에서 판단한 것이다. 판단하는 조건이 바뀌면 판단 역시 변한다. 판단의 주체가 바뀌어도 판단 내용은 달라질 수 있다.

인류가 생존이나 경제적 효용성만을 중시하고 살아왔다면 예술이나 과학은 발전하지 못했을 것이다. 먹고사는 데 쓸모없는 것이 대부분이지 않은가. 하지만 그 쓸모없는 것들이 인간을 인간답게 만들었다. 석기시대의 동굴 벽화나 암각화는 고대인들이 다른 동물들과 벌이는 생존 경쟁에서 별 도움이 되지 않았겠지만, 동물과 구분되는 인간적 특성을 잘 보여준다. 동물적인 생존을 넘어 인간 문명을 이룩한 근저에는 '쓸모없는' 호기심과 상상, 미적 감성 따위가 있는 것이다. "못생긴 나무가 산을 지킨다"라고 한다. 목재로도 관상용으로도 쓸모없는 취급을 받는 나무들이 자리를 지키고 있기에 산의 숲이 유지된다는 뜻이다.

제비가 들려주는 앎의 진실

셰익스피어는 "지식은 하늘에 이르는 날개"라고 했다. 세상에 존재하는 사물과 현상에 대한 지식이 쌓일수록 신의 섭리를 이해할 수 있다고 믿었기 때문이다. 그래서인지 "무지는 신의 저주"라고까지 한다.[76] 어느 개인이나 계층이 적절한 교육에서 배제된 결과라면 타당한 말일 수도 있다. 다양한 사회적 기회를 차단당할 테니까. 그렇다면 인류의 수준에서는 어떨까?

소크라테스의 생각은 달랐던 것 같다. 그는 당시의 그리스인보다 자신이 더 지혜롭다고 생각했다. 그 이유는 더 많이 알아서가 아니라 자신이 알지 못한다는 사실을 알기 때문이라고 했다.[77] 아는 체하는 수많은 사람이 제대로 알지 못하면서도 그 사실을 모르고 있는데, 자신은 실제로 알지 못한다는 걸 잘 안다는 것이다. 소크라테스보다 조금 일찍 살았던 노자老子도 같은 생각이었다. "모름을 아는 것이 가장 좋고", 반대로 "모르면서 안다 여기는 것은 병"이라고 했다(知不知上 不知知病).[78] 모르면서 안다 생각하는 걸 '병病'이라고까지 하는데 그런 폐습이 노자 시대에도 있었나 보다.

서로 만난 적은 없었을 두 사람의 생각에는 공통점이 있다. '알지 못한다'는 것을 숨겨야 할 부끄러움으로 보지 않고, 그것을 깨닫고 인정하는 것이 지혜로운 일이라고 한다. 모른다는 것, 즉 무지가 '신의 저주'가 아닌 것이다. 무지無知가 저주는커녕 지혜라니, 철학자들의 겸손이 지나친 걸까? 자신의 무지를 강조하는 소크라테스의 말은 겸손을 떠는 게 아니라 앎(知)에 대한 성찰적 태도를 요구하는 것으로 볼 수 있다. 우리가 '안다'고 여기는 것이 허구이거나 오해일 수 있다는 말이다. 앞에서 보았듯이 인간의 지식이 변화하는 불완전한 것이라고 할 때 소크라테스의 지적은 타당해 보이지 않는가?

인간의 앎이 불완전하다는 것은 우리의 경험과 이성의 한계 때문만은 아니다. 인간 지식의 불완전성은 근원적으로 지식의 원천인 세계의 특성에서 비롯된다. 우리가 사는 세계는 무한히 넓고 다양하며 끊임없이 변화한다. 인간이 만나보지 못한 사물과 현상이 얼마나 있는지도 모른다. 광활한 우주에 인간이 등장한 이래 지식 탐구는 한 순간도 멈춘 적이 없지만, 인간이 축적하고 있는 세계에 대한 지식은 여전히 그 일부에 불과하다. 그 일부가 얼마나 작은지조차 알지 못한다. 분자의 크기를 정하는 분모의 규모를 모르기 때문이다. 그래서 뉴턴은 자신의 지식을 바닷가에서 얻은 '조개껍질'에 비유했다고 한다. 해변보다 훨씬 넓은 바다에는 가보지도 못했다고.[79]

게다가 인간에게 나타난 사물과 현상도 자신의 모습을 전면적으로 우리에게 드러내지는 않는다. 우리는 순간의 모습만을 알 뿐이다. 세계의 특정한 부분을 그것도 단편적으로 정리하는 것이 우리의 지식인 셈이다. 그것이 세계를 이해하고 변화시키는 데 유용한 측면도 있지만, 세계를 올바로 이해하는 것을 방해할 수도 있다. 우리의 지식을 절대화하고 고정관념에 빠지게 되면 우리의 지식은 날개가 아니라 족쇄가 된다. '아는 만큼 보이는' 게 아니라 '아는 만큼 보지 못하게 되는' 무주의 맹시盲視에 빠지게 된다.

고대 이래로 인간의 무지를 강조하는 건 겸손의 문제가 아니다. 세계를 대하는 인간의 인식이 제한적임을 깨닫는, 우리가 알고 있는 것의 불완전성을 받아들이는 과학적 태도라 할 수 있다. 무지에 대한 인정이 미덕美德이 아닌 과학적 태도라는 말은 그것이 인간 지식의 동력이 될 수 있다는 뜻이기도 하다. 무지를 자각하는 것은 무지에서 벗어나려는 노력으로 이어진다. 필요든 지적 욕망이든 그런 노력이 지식의 역사를 이끌어왔다. 역사학자 유발 하라리는 17세기에 일어난 과학 혁명이 '무지의 혁명'이었다고 했다. 인간의 지식이 제한적이며 오류 가능성이 있다는 걸 인정하게 되면서 기존의 어떤 전통 지식보다 더 역동적이고 유연하며 탐구적일 수 있었다는 뜻이다.[80] 원자를 파헤치고 우주의 비밀에 도전하는 현대 과학의 멈추지 않는 성과가 무지로 가능했던 셈이다.

무지를 인정하면 우리 앎의 한계를 깨닫게 되고 세계의 사물과 현상에 대해 열린 마음으로 다가갈 수 있다. 모든 것을 아는 체하는 태도로는 세계의 새로운 현상들을 만날 수도 제대로 이해할 수도 없다. 이는 타인을 대할 때도 마찬가지다. 내가 가진 지식, 생각의 불완전성을 인정할 때 다른 이의 생각을 열린 마음으로 들을 수 있다.

한국의 제비는 《논어》 한 구절 정도는 외우고 다닌다.

知之爲知之 不知爲不知 是知也
지지위지지 부지위부지 시지야[81]

제비 지저귀는 소리 같은가? 빠르게 말 하면 그렇게 들리는 것도 같다. <어우야담>에 나오는 옛 이야기다. 이 말의 뜻은

"아는 것을 안다고 하고 모르는 것을 모른다고 하는 것, 이것이 앎"이다.[82] 공자의 말은 단순하고 평범해 보인다. 하지만 이 말 속에 인간의 앎에 있는 특성, 지식을 향한 인간의 올바른 태도가 담겨 있다. 공자가 말하는 '앎(知)'에는 모름(不知, 無知)이 포함된 것으로 볼 수 있다. 앎과 모름이 적대적으로 대립하는 관계가 아니라, 인간의 지식을 함께 구성하는 대립항인 것이다.

인간의 지식도 모순에 있다. 앎과 모름은 서로 대립하면서 의존하는 관계에 있어 인간의 지식 발전을 가능하게 한다. 모름의 상태에서 벗어나려는 노력으로 앎을 얻고, 그 앎으로 더 깊고 넓은 세계에 대한 모름을 깨닫게 된다. 모름이 앎을 이끌고 앎이 다시 모름을 이끄는 모순으로 현대 인류의 지식은 우주와 원자 그리고 인간을 향해 깊이 들어가고 있다. 모름을 인정하지 않는다면, 즉 앎과 모름의 모순이 무너진다면 인간은 무지에 다름없는 지적 자만에 빠지게 될 것이다.

후주

1 《인간 등정의 발자취》, 제이콥 브로노우스키, 바다출판사, 235-236p

2 《세상의 모든 지식》, 김흥식, 서해문집

3 《코스모스》, 칼 세이건, 홍승수 역, 사이언스북스, 3장-123p

4 "'문재인 공산주의자' 고영주, 2심서 유죄로 뒤집힌 이유"〈조세일보〉, 2020.8.27

5 《세계사 다이제스트 100》, 김희보, 가람기획, 《인물세계사》, 표정훈

6 《선조수정실록》 출처: 『한국고전종합DB』 한국고전번역원

7 건국대 2008년 수시논술

8 "티코 브라헤-역사상 최고의 관측 천문학자" 네이버〈과학인물백과〉《사람이 알아야 할 모든 것-과학》, 존 그리빈, 강윤재 외, 들녘

9 "계엄사 발표, 광주사태"〈동아일보〉, 1980.5.30.

10 《로미오와 줄리엣》〈2막 2장〉, 윌리엄 셰익스피어 지음

11 "논란의 광개토왕비 해석, 실마리 찾나"〈한겨레〉, 2019.4.16

12 〈광개토왕릉비문 '辛卯年條' 연구 고찰〉, 전희재, 2017. "광개토태왕비 내용 해석 다양할 수밖에 없는 이유", 임기환, 〈매일경제〉, 2017.4.2

13 《역사란 무엇인가》〈2장 사회와 개인〉, 에드워드 H. 카 지음, 권오석 옮김, 홍신문화사

14 《한국의 고전을 읽는다4》〈1장〉, 고운기 외, 휴머니스트

15 "한반도서 관측 가능한 다음 개기일식은 '2035년 9월 2일'"〈동아일보〉, 2017.8.18.

16 "피자 먹으면 암 위험 줄인다"〈데일리메디〉, 2003.7.24.

17 "공룡 멸종의 원인 101가지"〈지식채널e〉, EBS, 2009.11.30

18 "열여덟 번째 생일을 나흘 앞두고… 제주 현장실습생의 죽음"〈한겨레〉, 2017.11.22

19 《코끼리는 생각하지마》〈2부 4장〉, 조지 레이코프 지음, 유나영 옮김, 와이즈베리

20 《인수공통 모든 전염병의 열쇠》〈1장〉, 데이비드 콴먼 지음, 강병철 옮김, 꿈꿀자유

21 《논증의 탄생》〈2부 5장〉, 조셉 윌리엄스 지음, 윤영삼 옮김, 홍문관

22 "'내가 해 봐서 아는데…' 발언 때마다 역효과"〈매경이코노미〉, 2011.5.11

23 《대반열반경》〈30권 사자후보살품(獅子吼菩薩品)⑥〉,《육도집경》〈경면왕경〉, 동국대 한글대장경

24 《수학콘서트 플러스》〈1악장〉, 박경미 지음, 동아시아

25 〈EBS 수능완성 사회탐구영역 사회문화〉, 2013, 중앙대 2014년 수시논술

26 〈대한민국과 일본국 간의 재산 및 청구권에 관한 문제의 해결과 경제협력에 관한 협정〉(조약 제172호), 1965.12.18

27 〈대법원 2018.10.30. 선고 2013다61381〉, "일제 강제동원 피해자의 일본기업을 상대로 한 손해배상청구 사건", [공2018하,2317]

28 《셜록 홈스 대표 단편선》〈그리스어 통역관〉, 아서 코난 도일 지음, 조미영 옮김, 느낌이있는책

29 "초등학생들의 과학 글쓰기에 나타나는 과학적 추론 양상 분석", 임옥기, 한국교원대, 2018

30 "창의적 물리학자들의 가추적 사고 유형 분석연구", 김영민,〈새물리〉54권 4호, 2007

31 위 논문

32 "귀추법"〈다음백과〉

33 《장자》〈14편, 4장, 천운(天運)〉

34 《이야기 속의 논리학》, 김득순, 새날, 1993

35 "'가습기살균제' SK케미칼·애경산업 전 대표 무죄"〈리걸타임즈〉, 2021.1.21. / "가습기 살균제 '무죄 판결' 둘러싼 과학적 쟁점들"〈동아사이언스〉, 2021.3.06

36 "사람은 쥐가 아니다"〈시사직격〉66회, KBS, 2021.3.19

37 "'北 특수군'" 거론 인물 안면분석 해보니… 교활한 왜곡〈SBS〉 '마부작침-5.18항쟁②' 2016.5.17

38 〈고교 논술 속의 유비논증〉, 김소령, 울산대 교육대학원, 2010

39 《보이지 않는 고릴라》, 크리스토퍼 차브리스·대니얼 사이먼스 지음, 김명철 옮김, 김영사

40 《신기관》(해제)〈우상의 해악〉, 베이컨, 서울대학교 철학사상 연구소

41 "4대강 평가, 권위에 호소하는 '아전인수'"〈YTN〉, 2020.1.3

42 "4대강 평가, 권위에 호소하는 '아전인수'"〈YTN〉, 2020.1.3

43 《갈릴레이의 생애》4막, 베르톨트 브레히트

44 "日 구로다 '한국, 우리 '돈' 덕분에 발전… 잊었나?'"〈김현정의 뉴스쇼〉, CBS, 2019.7.5.

45 〈제조물책임법〉, 제4조

46 "무지에의 호소는 오류인가?" 최훈,〈논리연구〉5집 2호, 2002

47 "이 시국에…. 육군 대대장, 술 먹고 자정에 장병 300명 얼차려"〈한겨레〉, 2020.3.11.

48 "마린온, 이륙 4초 만에 프로펠러 통째로 떨어져 나가"〈조선일보〉, 2018.7.19

49 《갈릴레이의 생애》2막, 베르톨트 브레히트

50 《인수공통 모든 전염병의 열쇠》, 데이비드 콰먼 지음, 강병철 옮김, 꿈꿀자유, 2017.10.1.

51 《진화한 마음》〈2부 6장〉, 전중환 지음, 휴머니스트, 2019.1.18.

52 《호모 데우스》〈1부〉, 유발 하라리 지음, 김명주 옮김, 김영사, 2017.5.19

53 "죗값을 치렀다. 아니 치르고 있다. 이제 그만 용서하자", 김형오 블로그, 2011.9.1.
"김형오, 강용석 의원에게 돌 던질 수 있나요?"〈한겨레〉, 2011.8.31.

54 《고릴라 이스마엘》, 대니얼 퀸 지음, 배미자 옮김, 평사리, 2004.10.22.

55 "치명적 '미세 플라스틱' 공포… 韓 면적 15배 쓰레기 섬"〈중앙일보〉, 2018.4.1 /
"해변 밀려온 향유고래 사체, 배 열어보니… '플라스틱 쓰레기'가 한가득"〈동아닷컴〉,
2018.4.11

56 "폐와 간 등 인체 기관에서 미세플라스틱 검출"〈YTN〉, 2020.8.18 / "한반도의 7배
의 크기도 있다는 끔찍한 '쓰레기섬'", 한국수산자원관리공단 블로그, 2017.6.9

57 《홍성욱STS, 과학을 경청하다》, 홍성욱, 동아시아

58 《식량불평등》, 박병상, 풀빛

59 《한비자》〈난세(難勢)〉, 마현준, 풀빛

60 《아폴로도로스 신화집》〈2권 4장〉, 아폴로도로스 지음, 강대진 옮김, 민음사

61 《맥베스》〈1막 3장〉, 윌리엄 셰익스피어 지음

62 《로미오와 줄리엣》〈2막 2장〉, 윌리엄 셰익스피어 지음

63 《철학에세이》〈셋째 마당〉, 조성오 지음, 동녘

64 "돌아온 늑대 무리가 자연을 살렸다", 김백준,〈한국일보〉, 2018.11.17

65 "바이러스와 인간 사이, 생물학적 제휴", 김홍표,〈경향신문〉, 2019.5.15.
"바이러스를 위한 변명", 김홍표,〈경향신문〉, 2020.2.19

66 19대 국회 제323회-제6차 본회의, 2014.4.8.

67 〈대한뉴스〉제1640호-특별 담화문 발표

68 19대 국회 제315회-제2차 본회의, 2013.4.25.
"전 국정원 직원들의 '양심선언' 박원순 공작"〈시사IN〉464호 2016.8.4

69 《형이상학》〈5권 25〉, 아리스토텔레스, 조대호 옮김, 나남, 2012.4.5.

70   국민교육헌장, 1968

71   "법 안에서 편안한가-'어떤 말씀'과 '아, 대한민국'" 〈서울신문〉, 2018.7.9, 출처: 〈어떤말씀〉 KOSCAP 사단법인 함께하는음악저작인협회

72   "대중가요 43곡 보급금지 윤리위 결정" 〈동아일보〉, 1975.6.21

73   "대한민국 통기타음악 50년사, 기록과 증언"[4], 박성서, 〈뉴스메이커〉, 2015.7.8

74   《의산문답》, 홍대용, 《담헌서》 재구성, 출처: 『한국고전종합DB』 한국고전번역원

75   《장자》 〈외물(外物) 7장〉, 동양고전종합DB에서 재구성

76   《헨리6세》 〈2부 4막7장〉, 셰익스피어, 동인

77   《소크라테스의 변명》, 플라톤

78   《도덕경》 〈71장〉, 노자

79   《인물세계사》, 장석봉

80   《사피엔스》, 유발 하라리 지음, 조현욱 옮김, 김영사

81   《우리 한자음과 중국 강남 지방음의 유사함》 〈어우야담-학예편〉, 유몽인, 돌베개

82   《논어》 〈위정〉

고릴라를 보려면

인포데믹스 시대, 뒤집어 보고 비틀어 보고 생각을 생각하라!

펴낸 날 초판 1쇄 발행 2021년 6월 15일

지은이 최영민
펴낸이 정용희·김숙진
책임편집 김숙진
디자인 손현주
펴낸곳 뻬뻬북스
출판등록 2020년 7월 16일 제2020-000150호

주소 경기도 덕양구 은빛로 45, 207-1
전화 편집부 070-7590-1961 마케팅 070-7590-1917
팩스 031-624-1915
전자우편 p_whale@naver.com

ISBN 979-11-971451-2-4 03170